초등부터 고등까지 단계별 완벽 대비

공학 계열

진로·진학·직업

초등부터 고등까지 단계별 완벽 대비
공학 계열 진로·진학·직업

초판 1쇄 발행   2019년 4월 16일

지은이   정동완, 안혜숙, 김두용, 정유희 공저
펴낸이   변선욱
펴낸곳   왕의서재
마케팅   변창욱
디자인   꿈지락

출판등록   2008년 7월 25일 제313-2008-120호
주소   경기도 고양시 일산서구 일현로 97-11 두산위브더제니스 107-1306
전화   02-3142-8004
팩스   02-3142-8011
이메일   latentman75@gmail.com
블로그   blog.naver.com/kinglib

ISBN   979·11·86615·41·6   44370

책값은 표지 뒤쪽에 있습니다.
파본은 구입하신 서점에서 교환해드립니다.

이 도서의 국립중앙도서관 출판예정도서목록(CIP)은 서지정보유통지원시스템
홈페이지(http://seoji.nl.go.kr)와 국가자료공동목록시스템(http://www.nl.go.kr/
kolisnet)에서 이용하실 수 있습니다.
· CIP제어번호: CIP2019011120

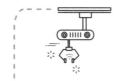

초등부터 고등까지 단계별 완벽 대비

공학계열

정동완·안혜숙·김두용·정유희 공저

진로·진학·직업

왕의서재

계열이 자녀의 진로를 결정한다

기업 인재관이 바뀐 건 이미 오래전 일이다. 좋은 학벌과 스펙으로 더는 좋은 기업에 취업할 수 없다는 사실이 속속 현실에서 증명되고 있다. 블라인드 채용 등의 등장은 간판을 뛰어넘는 인재를 구하려는 공정한 수단이다.

대학은 옳으냐 그르냐를 따지기에 앞서 기업에서 필요로 하는 인재를 양성하는 방향으로 급속히 선회하고 있다. 인재의 싹을 판단하겠다고 입학생들의 고등학교까지 성장 과정을 들여다보고자 한다. 수능이나 내신으로 입학한 학생과 학생부종합전형(학종)으로 입학한 학생들의 적응도와 역량 개발 속도를 비교한다.

학종으로 입학한 학생들이 전공학과에 훨씬 잘 적응하고 역량의 발전 속도가 상대적으로 매우 빠르다고 판단한 대학들은 앞다퉈 입학사정관을 두고 역량 있는 인재를 선발하려고 학종에 무게를 더 싣고 있다.

고등학교는 소위 상위권 대학에 학생들을 진학시키는 일을 사명처럼 여긴다. 학종에 더 많은 것을 담고자 학생들의 교실 수업 참여도가 높은 학생부 활동을 많이 하도록 교육과정을 기획한다. 이것이 해를 거듭할수록 질적으로도 발전하면서, 교육과정 – 수업 – 평가 –

기록의 일체화를 통해 학교, 교사, 그리고 학생이 서로 소통하는 새로운 방식으로 나아가고 있다.

특수목적고(특목고), 자율형사립고등학교(자사고)의 입학 전형에도 학종에서 착안한 자기주도학습전형을 한다. 먼저 내신, 적성과 계열에 맞는 활동을 학생부에 기록한다. 자기소개서에서 그 외 사항을 보강하고 면접에서 사실을 확인하는 과정을 거쳐 학생들은 특목·자사고로 입학한다. 이제 특목·자사고를 잘 가기 위한 초·중학교 영재원 입학뿐만 아니라, 교육 전반이 이 흐름에 따라 변해간다.

요즘 초·중학교 영재원, 자기주도학습전형의 고입, 학종의 대입, 역량 중심의 블라인드 채용의 취업 등에는 학생들의 단계별 성장마다 꼭 필요한 '요소'가 담겨있다. 바로 계열별 역량이다.

이 '역량'이라는 말은 숱한 풍파를 겪어왔다. 각 교과로 나눠 가르치면서 분리해 길러보려고 했고, 어떤 교육과정에서는 통합하려고도 시도했다. 얇은 지식을 파편화해 배우면서 역량이 늘지 않자 다시 각 교과로 나누기도 했다.

하나의 대표 역량만 있으면 문제없다고 해서 너도나도 한 개의 역량만 준비하다가 오히려 전체적인 학력이 떨어지는 문제가 생겨 버리기도 했다. 빠르게 변하는 사회에 대응하고자 턱없이 많은 역량을 기대하니, 학교와 가정의 대비는 벅찬 상태에 이르렀다. 시행착오를 거쳐 현재는 '계열별 역량'으로 로드맵이 짜인 상태다.

이 책은 현재의 역량 개발 방향인 '계열별 역량'을 기르고 이를 통해 진로와 진학 2마리 토끼를 모두 잡을 방향을 제안한다. 계열별 역량을 기르려면 학문 간 통섭이 필요하다. 그게 과연 어느 범위까지냐고 묻는다면 현재 입시와 진학에서는 계열별 역량이 그 범위라고 할 수 있다.

먼저 계열별 역량을 개발해 깊숙이 파고 들어가 다른 계열과의 연결성을 높이고 점차 폭을 넓히는 방향이다. 폭이 있어 그 깊이가 더해지는 자연 원리를 바탕으로 'T자형 인재' 즉 계열별 융합인재의 양성을 목표로 한다.

먼저 '계열별 적성'에 무엇이 있는지 알아보자. 총 4가지로 압축할 수 있다. 과연 우리 아이는 어떤 계열 적성을 갖추고 있을까?

- 인문사회학적 적성

- 의생명학적 적성

- 공학소프트웨어적 적성

- 음악예술체육적 적성

위 4가지 계열별 적성 중 우리 아이가 어디에 해당하는지 묻고, 어떻게 이해하고, 미래 인재로 무엇을 준비하면서 진로와 진학을 준비할지 도움을 얻기 바란다. 이 책은 그 해법을 제시할 뿐만 아니라, 계열별 적성을 실현하는 길인 초·중·고 진학 설계에 관한 로드맵도 제공할 것이다.

차례

Part 4 전국 공학 계열 진로 지도

항공우주 연구원 인터뷰

Part

1

1순위,
공학 계열의
모든 것

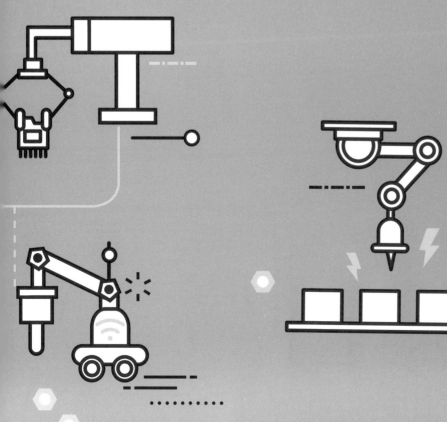

1
계열 모르면
진로는 흙길

진로 결정에서 버려야 할
3가지

계열별 적성을 찾아 직진해야 하는 데 세 가지 유령이 우리의 눈을 가리고 있다.

첫째는, '우리 때는~' 유령이다.
둘째는, '대학만 가면~' 유령이다.
셋째는, '열심히만 하면~' 유령이다.

'우리 때는~' 유령은 이렇다. 부모라면 대부분 학력고사나 수학능력시험(수능) 세대다. 현재의 수시 전형, 교과 전형, 학종, 논술 전형, 실기 전형을 이해하지 못한다. '왜 이리 복잡해? 우리 때는~'이라고 본인 중·고등학교 시절을 떠올리며, 현재 진학 시스템에 딴죽을 건다.

그때는 공부시키려고 각종 위력과 압력을 가해도 그게 폭력인 줄 몰랐고, 대학이나 사회가 성장하는 시기라 일정 부분 사람을 필요로 했다. 상대적으로 풍부한 일자리 덕분에 안정적인 삶을 누렸던 것이 지금의 부모 세대다.

지금은 '우리 때랑' 차원부터 다르다. 4차 산업혁명을 가볍게 여겨서는 안 된다. 인공지능형 기계가 사람이 하는 일들을 침식하고 있다. 빈부격차는 무한대로 벌어지고, 절반의 직업이 사라진다는 이야기가 현실이 되고 있다.

지금 어른들이 해야 할 일은 아이들이 아이답게 크도록 도와야 한다는 것이다. 아이들의 재능과 적성을 찾고, 이를 계열이라는 방향에 따라, 전략적으로 키워주고 발현할 수 있게 도와야 한다. '우리 때는'이라는 유령은 아이들을 3포, 4포, 6포, 다포로 만드는 지름길이다.

'대학만 가면~'의 유령은 '우리 때는~' 유령과 일맥상통한다. 부모 세대에는 대학을 나오면, 다양한 직장이 마련돼 있었다. 전공을 살려서 취업하는 경우가, 전공을 바꿔서 취업하는 경우보다 적었다. 점수에 맞춰, 소위 말하는 높은 대학, 하늘(SKY)로 가려고 적성과 소질은 배부른 말이고, 점수에 맞춰 학과는 전부 버린 세대였다고 해도 과언이 아니다.

점수에 맞춰 입학하는 풍토는 대학 졸업자들이 요즘 최대의 실업난과 다포 세대로 접어들게 하는 주요 원인이다. '대학만 가면~' 되는 게 없다는 사실을 미리 알려야 한다.

대학은 계열별 역량을 길러주는 도구에 불과하다. 대기업 관리직이나 상위직급, 성공하는 창업자 중 많은 이가 지방 대학, 전문대, 또는 고졸 출신이라는 데 주목해야 한다. 적성과 소질에 맞춘 계열별 역량 강화가 '대학 가면~'이라는 유령을 밟아야 한다.

마지막으로 '열심히만 하면~' 유령이다. 열심보다는 잘해야 한다. 아무리 열심히 해도 안 되는 일이 있다는 점을 명심해야 한다. 안 되는 것은 타고난 능력이 아님을 알려줘야 한다. 그렇지 않으면 열심히 했는데 왜 안 되지, 다시 해보자 열심히 하면 될 거라는 출처도 없는 신념으로 실패를 반복할 수 있다. 반복되는 실패는 결국 무기력과 패배주의에 빠지게 한다.

열심히 하는 것보다 우리 아이가 잘 할 수 있는 것을 찾아주는 것이 초, 중, 고 시절 부모가 해야 할 일이다. 그것은 공부일 수도 있고, 무언가를 만드는 메이커일 수도 있다. 디자인을 좋아해서, 상상으로 그림을 그리는 능력일 수도 있다. 빵을 잘 만드는 능력, 잘 들어주는 능력, 잘 뛰는 능력 등 우리 아이가 잘하는 것을 찾아줘야 한다. 옆집 친구 따라 이 학원 저 학원으로 돌리는 순간 부모의 미래 자산과 아이의 미래 희망은 낭떠러지로 떨어지고 말 것이다.

열심히 하라고 하지 말자. 잘하는 것을 찾아서 하라고 하자. 그렇다고 잘하는 것이 게임이나 그저 노는 것을 의미하지는 않는다. 주변에 도움이 되는 긍정적 행동이어야 아이는 더욱더 성장한다.

② 부모님, 선생님!
진로는 계열로 바뀌었습니다

'통섭', 사회생물학자 에드워드 윌슨이 한 말이다. 요즘 대학가에 통섭은 하나의 유행어다. 대학마다 '통섭 과목을 개발한다' '과학과 인문이 만나야 한다'라고 한참 시끌벅적하기도 했다. 학문의 경계를 뛰어넘는 융합을 강조하는 통섭은 단순한 소통보다는 훨씬 더 적극적인 개념이다.

과학과 인문학, 기술과 예술 사이에서 어느 정도의 융합이 가능하고 필요한지는 쉽게 말하기 힘들다. 통섭이 강조된다고 해서 아무렇게나 융합할 수 있는 건 아니다. 다만 확실한 것은 학문 간 융합이 기존의 분리된 학제 속에서는 찾아낼 수 없는 삶의 문제들을 새로운 시각으로 통찰하게 하고 해결의 실마리를 찾도록 도울 수 있다는 점이다.

학문의 경계를 허문 '통섭 교육'은 과학기술, 인문, 경제, 예술 등 다양한 분야의 지식과 소양을 갖춘 인재 양성을 목표로 한다. 실험적 통섭 활동의 하나로 연세대의 미래융합기술연구소, 건국대의 밀러기술경영스쿨, 서울대의 융합과학기술대학원과 부산대, 한동대, 성균관대, 한양대 등에서 교육과정을 운영하고 있다.

다양한 기술이 산업과 경제를 이끄는 시대로 진입하면서 기술과 경영을 모두 아우르는 T자형 인재가 주목받는다. 우리나라를 대표하는 기업의 전문경영인들이 이공계 출신의 T자형 인재라고 한다.

　미래는 한 우물을 파는 'I자형 인물'보다 'T자형 인물'을 찾는다. T자형 인재는 다양한 분야의 지식을 골고루 갖추면서도 한 분야에 정통한 전문가적 지식과 역량을 갖춘 인재를 말한다. 기술, 미술, 음악, 역사 등 서로 다른 영역을 자유자재로 융합해 활용하는 창의적 인재가 미래의 리더가 된다.

'T'자형 인재

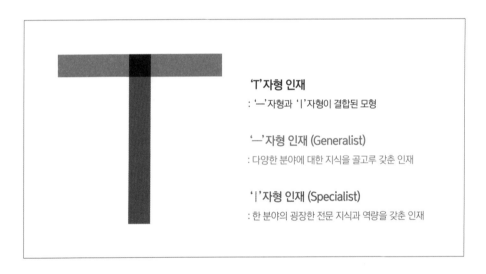

'T'자형 인재
: 'ㅡ'자형과 'Ⅰ'자형이 결합된 모형

'ㅡ'자형 인재 (Generalist)
: 다양한 분야에 대한 지식을 골고루 갖춘 인재

'Ⅰ'자형 인재 (Specialist)
: 한 분야의 굉장한 전문 지식과 역량을 갖춘 인재

　골리앗과 싸워 이긴 다윗은 왕이 내려준 갑옷 대신 자신에게 맞는 편한 옷차림으로 전장에 나갔다. 앞으로는 다윗처럼 자신에게 걸맞은 옷이 무엇인지 이해하고, 강점을 살려 도전하는 인물이어야 한다.

　캐나다의 한적한 시골 마을에서 밤마다 자동차 추락 사고가 끊이질 않았다. 인근 마을에는 밤마다 좀비가 출몰한다는 괴소문이 퍼졌다. 사람들은 점점 그곳으로 지나가기를 꺼렸다. 정부의 진상조사 결과, 공사 탓에 진입로가 바뀌었는데 초행자들이 이를 모른 채 그냥 지나가다가 추락하는 사고가 계속 벌어진 것이다. 운전자 대다수는 출발에 앞서 업그레이드하지 않은 네비게이션을 켜고 한적한 길을 가다가 추락했다. 도로 환경이 변했는데 미리 업그레이드하지 않은 네비게이션이 위험을 알려주지 않은 결과다. 생각도 마찬가지다. 변화가 가속하는 현대 사회에서 사고의 패러다임을 업그레이드하지 않으면 추락하고 만다.

이제 학생의 진로는 어떻게 찾아야 할까? 답은 '계열'에 있다. 진로는 계열이라는 패러다임으로 사고방식을 업그레이드해야 한다.

우선 계열별 적성을 찾아야 한다. 여러분은 내 자녀가 어떤 계열의 적성을 갖췄는지 파악했는가?

3 계열의 꽃, 공학

　최초의 컴퓨터는 그 크기가 어마어마하게 커서 방 하나를 차지할 정도였다. 이 컴퓨터는 이제 사람들 손바닥 안으로 들어왔다. 이전 컴퓨터보다 몇 배나 뛰어난 성능의 휴대폰을 누구나 하나씩 들고 다닌다. 2010년 6월에 출시한 아이폰4는 1985년에 나온 슈퍼컴퓨터 '크레이-2'와 비등한 성능을 지녔다고 평가된다. 그뿐인가? 스마트 워치의 등장으로 컴퓨터는 액세서리가 됐고, 웨어러블 컴퓨터의 도래가 멀지 않았다는 이야기가 들린다.

　기술 발전이 가져오는 변화는 미처 알아차리지 못하는 사이에 다가온다. 자율주행차는 이미 짐을 운반하고, 3D 프린터는 먹거리를 만들어낸다. 오픈된 공유 폴더에 자동차 디자인 시안을 올리면 세계 곳곳의 디자이너가 접속해 디자인을 수정해 렌더링한다. 디자인에 맞춰 3D 프린터로 부품을 만들어내고 조립하는 데 불과 3일밖에 걸리지 않는다.

　인공지능(AI) 컴퓨터의 등장으로 사람이 일터에서 컴퓨터에 밀릴 수도 있다는 불안감이 점점 팽배해지는 가운데, 공학 계열 직업은 미래의 유망 직업으로 굳건히 자리매김하고 있다.

　생소한 이름의 신직업이 계속 생겨나지만, 특이한 현상은 기술이나 정보의 확산과 융·복합 효과로 공학 계열과 전혀 무관해 보이던 영역들에서도 이공계 연관 직업들이 속속 나타난다는 점이다.

4차 산업혁명과 더불어 정부가 전문인력 육성과 투자를 통해 지원하는 신직업의 경우 인공지능 기술, 감성 인식 기술, 빅데이터 분석 등 다양한 분야에 속한 직업들의 미래는 더욱 기대를 높이고 있다.

그중에서도 인공지능은 산업계의 주요 관심사다. 학계에서도 이를 방증하듯 관련 논문이 쏟아진다. 인공지능을 키워드로 한 컴퓨터공학 분야 논문은 1996년 이후 9배가 증가했다고 한다. 또 대학에 개설된 인공지능 관련 강의에 등록한 학생 수도 대폭 늘어나고 있다. 이 분야의 창업(스타트업)과 취업도 폭발적인 증가세다. 글로벌 IT 자문기관, 가트너는 2017년 10월에 열린 'IT엑스포 2017'에서 2020년 인공지능으로 일자리 230만 개가 창출될 것으로 내다보았다.

세계경제포럼(WEF)은 4차 산업혁명을 이끌 대표적인 기술로 인공지능, 로봇, 사물인터넷(IoT), 무인자동차 등을 꼽았다. 이에 따른 기술인 인공지능의 응용과 발달이 매우 두드러지리라 보고 있다. 2020년까지 모바일 클라우딩, IoT, 빅데이터, 인공지능 기술 발전으로 사무·행정·제조·생산 분야 일자리가 급격히 감소하고 비즈니스·금융·경영·컴퓨터·수학 관련 일자리는 증가하리라는 조사 결과가 있다.

요컨대, 일자리가 주로 늘어나는 분야는 컴퓨터, 수학, 건축, 엔지니어링 같은 공학 계열이다. 대세는 공학이다.

IT 기업인과 인터뷰

안녕하세요? 파트장님이 전자공학을 전공하신 이유가 무엇인지 궁금합니다. 특별히 컴퓨터 공부를 좋아하셨는지요?

저는 어렸을 때 하루의 대부분을 게임 하면서 보냈어요. 우리 어릴 때는 전자오락실이 있었지요. 혹시 갤러그, 버블버블 이런 게임 알아요? 어릴 때는 전자공학과에 가면 전자오락을 만드는 줄 알고 입학했지요. ^^

IT 전문 대기업 L 파트장

그러면 전자공학을 전공하신 후에 지금 하시는 일은 무엇인가요? 분명 전자 게임을 만드시지는 않겠네요?^^

게임을 만들지는 않고요. 제가 하는 일은 기업들이 보다 더 효율적으로 업무를 처리할 수 있는 기반을 만드는 거예요. 컴퓨터를 이용해 더 쉽고 빠르고 정확하게 사무 처리하는 것을 말하지요. IT 기술을 접목하면 일상적인 업무를 컴퓨터나 스마트폰으로 간단히 처리할 수 있어요.

IT 전문 대기업 L 파트장

업무를 어떻게 스마트폰으로 간단히 처리하는지 잘 이해가 가지 않는데요. 자세히 설명해 주시겠어요?

외부 업무나 현장 근무 중에 급한 사무처리가 생기면, 이전에는 다시 사무실로 돌아가서 컴퓨터를 켜고 정보를 입력해야 했죠. 그런데 우리 회사에서 만드는 기술을 사용하면 스마트폰에서 바로 입력해 처리가 가능하니 업무가 현장에서 끝나게 되는 거예요. 그런 기술을 만드는 일을 하고 있습니다.

IT 전문 대기업 L 파트장

전자공학과를 희망하는 학생들이 어떤 과목을 열심히 공부하면 좋을지 팁을 주시겠어요?

전공 자체가 수학과 물리가 기반인 강의가 대부분이라 이 두 과목에 관심을 두고 공부하면 좋겠어요. 그리고 손재주도 좀 필요합니다. 회로 만드는 실험을 많이 하는데 저는 손재주가 부족해서 실패를 많이 했어요.

IT 전문 대기업 L 파트장

앞으로 의료공학과 전망을 어떻게 보시는지요? 그리고 이 학과를 전공하려는 학생에게도 조언을 해주신다면요?

공학적인 문제는 고민하면 기술로 풀어갈 수 있습니다. 회사에서 필요로 하는 기술 역량도 아주 고차원적으로 높은 수준은 아니에요. 중요한 것은 소통과 전달력입니다. 내가 알고 있는 기술을 다른 사람들에게 효과적으로 전달하고, 그것을 바탕으로 서로의 생각을 융합해 새로운 형태로 발전시켜 나갈 수 있는 역량이 필요합니다.

IT 전문 대기업 L 파트장

④
총정리!
사회 변화에 따른 직업 전망

　보통 10년 후 미래를 가늠해보면 현재 고등학생이 선택할 전공이 유망한지 예측할 수 있다. 중요한 점은 미래는 현실과 뚝 떨어져서 오지 않는다는 것이다. 미래는 항상 현재를 반영하므로 충분히 예측하고 분석할 수 있다.

　한동안 이공계 기피라는 위기에 놓였던 한국에 요즘 새로운 바람이 분다. 10년 넘게 학생들 진로 희망에서 외면당했던 공학 계열이 높은 순위를 차지하는 것. 이전 초등학생들의 보통 꿈이었던 '과학자'가 슬그머니 자취를 감추었다가 최근 희망 직업 10위권 안에 다시 들어갔고, 중·고등학생들은 생명공학자(줄기세포), 화장품연구원, 제약연구원, 정보시스템 전문가, 보안전문가, 로봇 공학 엔지니어 등을 직업 순위에 높게 올렸다(한국직업능력개발원, 2016).

　신직업진흥원이 신직업을 발표했다. 신직업은 우리나라와 선진국 간 직업을 분석해 직업 수의 차이와 원인을 먼저 밝히고 이를 기초로 일자리 창출, 도입 가능성이 큰 100여 개를 최종 선정, 직업 정보를 확인하는 절차를 거쳐 선정됐다. 발표된 신직업 중 이공계 출신이 진출하면 좋은 직업은 다음과 같다.

기술문서전문가, 의약품 인허가전문가, 과학커뮤니케이터, 도시재생전문가,

녹색건축전문가, 연구실안전전문가, 해양설비플랜트기본설계사, 방재전문가,

BIM빌딩정보모델링 디자이너, 정밀농업기술자, 연구기획평가사, 연구장비전문가,

3D 프린터 운영전문가, 기업재난관리자, 홀로그램 전문가, 감성 인식 기술전문가,

화학물질안전관리사, 레저선박시설마리나전문가, 사이버평판관리자,

빅데이터전문가, 인공지능전문가, 온실가스 관리컨설턴트

다음은 과거에는 전망이 좋았지만, 지금은 그렇지 않은 공학 계열 직종과 전망이 좋은 직업이다. 아래 표에서 위로 올라갈수록 직업 전망이 좋은 편으로 이해하면 된다.

공학 계열 직업 전망

전망	직업명			
☀️	네트워크시스템 개발자	산업 안전 및 위험관리원	에너지 공학기술자	웹 및 멀티미디어 기획자
	응용소프트웨어 개발자	컴퓨터 보안전문가	로봇 공학자	인공지능개발자
⛅	기계공학기술자	데이터베이스 개발자	생명과학 연구원	제약연구원
	시스템소프트웨어 개발자	식품공학 기술자	웹 또는 멀티미디어디자이너	전기 및 전자설비조작원
	전기공학기술자	정보시스템운영자	컴퓨터시스템설계 및 분석가	항공기정비원
	환경공학기술자	환경 관련 장치조작원	스마트시티 설계가	블록체인 개발자
🌧️	건축가 침 건축공학기술자	냉난방 관련 설비조작원	도시 및 교통설계전문가	방송 및 통신장치설치 수리원
	비금속광물가공장치 조작원	석유 화학물 가공장치조작원	섬유공학기술자	영화·방송 제작 장비기사
	자동차 및 자동차부품 조립원	자동차정비원	재료공학기술자	전기 및 전자기기설치 수리원
	컴퓨터하드웨어 기술자	통신공학기술자	통신장비 및 방송송출 장비 기사	측량기술자

*참고: 2017 한국직업 전망_한국고용정보원

2
대학의 공학 계열 쓰나미

1

학위가 더는
취업이 아니다

　강원대 화학공학과 교수단과 함께 지역아동센터에서 과학교실을 열었다. 지리, 문화적으로 낙후돼 혜택을 크게 받지 못하는 학생들에게 과학적 감수성과 창의성을 길러주려는 취지였다.

　강좌는 보통 주 강사와 보조강사가 한 팀을 이루는데, 보조강사는 강원대 화공과 학부 학생이거나 석사 전공생들이었다. 그들이 생각하는 진로는 두 가지로, 하나는 연구원으로 교수직으로 나가거나 대기업 연구원으로 들어가는 것이다. 연구원은 기본적으로 석사 과정 이수자를 뽑으므로 석사 과정은 필수다.

　다른 하나는 기업 취업을 목표로 하는데 요즘 학생들에게 인기 있는 직장은 발전소인데, 비교적 안정적으로 근무할 수 있어 선호한다고 한다. 그런데 학생들 고민에 공통점이 있었다. 학부나 석사 과정을 이수해도 업무 현장에서는 모르는 것이 어마어마하게 많다는 점이다. 취업해도 그 분야에서 필요한 지식을 다시 배워나가야 한다는 부담이 상당했다.

　어느 날, 수업이 끝난 후 남은 수업 재료를 싣고 대학교로 돌아가는 중에 보조강사 L 군이 말을 꺼냈다. 동기 중 2명이 대학을 가지 않고 폴리텍대학으로 진학해전기 기술을 배웠다고 한다. 그런데 그중 한 명은 한국전력에, 다른 한 명은 쏠비치라는 호텔에 정직원으로 입사했단다. 그러면서 동기가 이미 취업하고 비교적 좋은 직장에서 안정적인 월급을 받고, 경력을 시작하는 것이 매우 부럽다고 했다. 자신은 군대에 다녀와 이제야 학부를 마쳤고 다시 석사 과정을 하려면 몇 년이 남았는데 친구들 모습을 보니 무척 고민스럽다고 했다. 대학 교육과정을 계속해야 할지 혼란스러워했다.

요즘 기업들은 현장에서 바로 쓸 수 있는 기술이나 지식을 대학에서 가르치기를 원한다. 학문과 현장의 괴리 탓에 입사자들을 재교육하는 데 큰돈이 들어간다고도 한다. 그렇다 보니 기업들이 직접 나서 대학과 협력 관계를 맺고 필요한 교과목을 가르치는 데 기술과 재정 지원을 아끼지 않는다. 그러고 나서 졸업하자마자 채용하는 사례가 늘고 있다.

대학의 배움이 현장에서 바로 쓸 수 있는 기술로 진화해 가고 있다. 대학 진학률은 매년 감소한다. 2018년 3월 통계청이 발표한 2017년 대학 진학률은 68.9%이다. 최근 7년 동안 최저치다. 자퇴 비율도 꾸준한 증가세다. 대학 나온다고 반드시 좋은 일자리가 보장되지 않는다. 좋은 대학을 나왔다고 좋은 기업에 취업하지도 못한다. 취업난에 학위 기대치는 크게 줄어들고 있다.

서울대학교 공과대학을 우수한 성적으로 졸업한 한 여학생은 취업에 번번이 실패했다. 가끔 중소기업에서 연락이 오기도 하지만 서울대 나온 자존심에 가기를 꺼린다. 지금은 아르바이트만 2년째라는 소식이 들린다.

이 학생의 고3 때 담임이었던 교사는 지금도 고3 담임인데, 진학 상담이 크게 바뀌었다고 한다. 성적에 맞춰 대학을 정하지 말고, 정말 하고 싶은 일을 목표로 삼아 진로를 잡고 진학하라는 것이다.

2

전문대 복귀
신드롬

> S 군은 이른바 인서울 4년제 대학을 나왔다. 몇 년 내내 취업준비만 하다가 도저히 희망이 보이지 않아 직업전문학교로 유턴했다. 직업전문학교에서 자동차정비기술을 배워 외국계 기업에 입사했다. 연봉이 꽤 높고 근무 여건도 좋다. 정비기술을 쓰는 직업이 본인과 잘 맞는다고 느끼니 일도 매우 재미있어한다. S 군의 사례를 본 주변 친구들도 전문대 입학을 심각하게 고민하지만, 선뜻 용기를 내기는 어렵다.

4년제 대학을 나오고도 다시 전문대에 들어간 학생들을 유턴 입학생이라고 한다. 4년제 대학 졸업과 취업의 상관관계는 점점 사라지면서 유턴 입학생은 매해 늘어나고 있다. 한국전문대협의회에서 유턴 입학생 가운데 서울대 공과대학을 졸업하고 기계설계 쪽을 다시 공부해보고자 전문대에 재입학한 사례를 든 적이 있다. 전문대가 웬만한 4년제 공대보다도 취업이 더 잘되는 덕이다. 전문대 졸업자들은 상대적으로 더 빨리 졸업하고 취업해 일찍 안정적인 삶을 꾸리는 데 유리하다.

한때 기피 학교로 여겨졌던 직업전문학교가 '폴리텍대학'이라는 새 이름을 달면서 인기가 높아졌다. 폴리텍대학은 고용노동부가 직접 운영하는 대학들 총칭이다.

고용노동부 산하 기능대학으로 전문학사 학위를 받을 수 있다. 전국에 11개 대학 37개 캠퍼스가 있는데, 높은 취업률과 저렴한 학비가 장점인 폴리텍대학은 일반 전문대와는 다른 독자적인 학사제도를 운용한다.

얼마 전 교육부에서 대학 관련 일을 했던 사무관은 전국 약 37개 폴리텍대학 캠퍼스에 쏟아붓는 예산이 몇백억(1년 기준)이라고 전했다. 적은 대학에 많은 예산이 할당되니 교육의 질이 점점 더 좋아질 수밖에 없다는 이야기였다.

특성화전문대학과 기업의 '인재매칭 사업'은 새롭게 주목받는 제도다. 교육부가 2014년부터 도입한 이 사업은 특성화전문대학의 현장 중심 과정(NCS 기반) 운영에 기업이 참여하고 이수자를 채용한다.

기업이 전문대학 수준에 맞는 직무를 찾아 교육부에 요청하면 교육부는 직무에 따라 교육할 수 있는 특성화전문대학을 기업과 함께 선정해 매칭하고, 전문대학은 기업과 함께 국가직문능력표(NCS)를 기반으로 교육과정을 개발·운영해 인재를 기르고 채용을 지원한다.

3

실력 또 실력,
대학 학위보다 나노 학위

몽골의 울란바토르에서 태어나고 자란 바투시 미안간바야라는 소년은 열다섯 살 때 인터넷으로 미국 매사추세츠공과대학(MIT)의 공학 강좌를 수강했는데 모든 과목에서 A+를 받았다. 전 세계에서 이 강좌를 온라인으로 들은 수강생이 15만 명에 달했으나 만점을 받은 학생은 단 340명뿐이었다. 바투시는 이 성적을 바탕으로 MIT의 전자공학과에 지원했고 입학허가를 받았다.

인재를 키우는 데 속도가 관건인 시대다. 새롭게 탄생한 산업에 필요한 인재는 태부족이다. 대학에서는 4차 산업혁명의 원동력이 되는 기술을 발 빠르게 가르치지도 못하거니와 인재를 육성한다는 석사 과정 2년, 박사 과정 4~5년은 산업 변화 속도를 따라가지 못하고 있다. 앞으로 대학의 변화는 가속할 것이다. 미래학자 윌리스 하먼 박사는 미래 대학의 모습을 다음처럼 예견했다.

첫째, 대학은 모두 사이버대학으로 전환될 것이다.

둘째, 교재를 사용하지 않을 것이다.

셋째, 학사일정이 없을 것이다.

넷째, 나이나 계층과 관계없이 누구에게나 개방될 것이다.

미국의 대학에서는 이런 일이 실제가 됐다. 2002년 MIT가 개방형 온라인 강의를 오픈코스웨어(OCW)로 시작했다. '지식기부' 형태로, 학부와 대학원 과정의 수업 자료와 강의 동영상 2,200개를 공개했다.

여기에서 한 단계 업그레이드한 것이 교육 플랫폼 '무크(MOOC)'다. 이곳에서 세계 석학들의 강의 자료 공유는 기본이다. 수강생들은 교수에게 질문하고, 교수는 과제와 시험문제를 내고 학점도 준다. 일정 학비를 내면 수료증도 발급한다. 이곳에서 취득한 유명 대학(하버드대·스탠퍼드대·프린스턴대 등) 수료증은 취업이나 진학에 도움이 된다. 현재는 코세라, 유다시티(Udacity), 유데미, 에드x 등도 있는데 모두 유료강좌다. 6만 원가량이면 4~12주에 걸쳐 온라인으로 강좌를 들을 수 있다. 유료지만 대학 수강료보다는 훨씬 싸다.

6개월에서 1년 정도면 개인이 맞춤형으로 받을 수 있는 나노 학위(Nano Degree)가 있다. 나노 학위는 4차 산업혁명과 연관된 특수한 과목을 작은 단위로 나눠 이를 이수한 수강생에게 주는 학위다. 나노 학위를 받으려면 유다시티에서 강좌를 들어야 하는데 비용은 한 달에 20~25만 원 정도다.

나노 학위는 매주 시험과 과제가 있다. 이를 모두 통과해야 다음 단계 수업으로 이어진다. 과정은 16주로 모두 통과하면 나노 학위를 준다. 유다시티의 연례 콘퍼런스인 '인터섹트 2017'에서 소개한 채용 사례가 있다.

2017년 초, 이탈리아 출신 엔지니어 살바토레 미트라노는 오랜 목표이던 아마존에 소프트웨어 엔지니어로 취업했다. 그는 스타트업에서 수년간 소프트웨어 엔지니어로 일하기도 하고 창업도 해 봤지만, 더 새로운 기술을 배워야 한다는 생각에 유다시티의 머신러닝 엔지니어 코스를 수강했고 그것이 도움이 되어 아마존에 입사했다.

미트라노는 4차 산업혁명의 핵심 기술인 인공지능 공부가 대학 또는 대학원 진학보다 나노 학위가 더 효율적이라 봤다. 아마존도 유다시티 머신러닝 코스에서 높은 점수를 받은 미트라노의 능력을 보고 채용했다.

취업과 곧장 연결되는 나노 학위는 직업을 바꾸려는 사람들과 대학 공부보다 새로운 기술을 더 빨리 배우려는 사람들에게 인기몰이 중이다. 우리나라에서도 최근 상당수 대학에서 무크를 활용하기 시작했다. 한국의 대학 강좌뿐만 아니라 양질의 좋은 강좌들은 자막 서비스를 하거나 강의 노트를 제공한다.

무크의 최대 장점은 저명한 교수나 전문가 강의를 수강하고, 해당 과목 학위를 받을 수 있다는 데 있다. 한국형 무크인 K-무크는 서울대, 카이스트 등 10개 국내 유수 대학에서 현재 약 300개의 강좌를 등록해 누구나 무료로 들을 수 있다.

과학기술 특성화대학의 명강의를 무료로 들을 수 있는 '스타무크'도 있다. 양질의 강의를 무료로 듣고 듣기를 넘어 토론 등 양방향 소통도 가능하다. 개설된 계열은 공학, 자연, 의약, 인문, 사회, 교육, 예체능이다.

4

선취업 후진학 :
현장 보고, 필요로 공부

P 사장은 아들을 대학에 보내지 않았다고 자랑한다. 어떤 이유일까? P 사장의 아들은 고등학교 3년 내내 한국토지주택공사(LH)에 입사하기 위한 공부만 했고, 마침내 입사에 성공했다. LH에 입사한 A 군은 지금은 회사에서 공부를 시켜줘 회사가 지정한 대학에서 공부한다는데 교육비가 모두 공짜라고 한다.

LH는 매년 사무직과 기술직(토목, 조경, 건축, 기계, 전기)에서 고졸 신입사원을 공채로 뽑는다. 이 과정은 채용형 인턴 합격 후 1개월간 교육과 3개월 인턴 기간을 거친다. 과정 중 성적이 나쁘거나 소질에 맞지 않는다고 판단할 때는 정규직으로 채용되지 않을 수 있다.

대학 학위 취득보다 먼저 취업한 뒤에 직무에 맞는 역량을 더 발전시키는 데 필요한 공부를 하는 취업문화가 있다. 선취업 후진학 제도다. '재직자 특별전형'이라고 불리는 이 제도는 특성화고를 졸업하고 기업체에서 3년 이상 근무하면 수능점수 없이도 대학에 갈 수 있는 정원외 특별전형을 말한다.

4년제 대학이 더는 취업 프리패스가 아니니 대학 진학보다 취업을 먼저 할 수 있는 특성화고등학교가 설립됐다. '선취업 후진학' 제도는 현장 경험을 토대로 능력을 지속해서 개발하도록 일하면서 공부할 기회를 제공하려는 목적이다. 특성화고등학교와 선취업 후진학 제도를 묶어보자.

'나는 내가 설계한 집을 짓고 싶어'라고 생각한 Y 군은 특성화고등학교 건축과를 졸업 후 관련 업체에 취업했다. 3년쯤 일하며 Y 군은 또 다른 욕심이 생겼다. 기술 노하우와 경험을 좀 더 전문적이고 체계적으로 발전시키고 싶었다. Y 군은 대학 진학을 꿈꿨다. 하지만 특성화고등학교 졸업생으로서 입시 공부를 해본 적이 없어 대학 진학 준비에 막연한 두려움을 느꼈다. '대학 입학이라는 소망을 접어야 하나' 좌절을 느끼려던 차에 재직자 특별전형을 만났다. 일반 입시처럼 수능이 아니라 재직경력과 학업 의지로 당당히 건축학과로 진학할 수 있었다.

재직자 특별전형은 일반계고 학생보다 더 유리한 조건으로 진학할 수 있다는 장점이 있다. 제대로 활용한다면 유용하지만, 일과 학업을 병행해야 하는 부담 또한 만만치 않다. 그런데 방송통신대학의 프라임칼리지는 졸업 후 3년간 취업 기간 없이 고등학교만 졸업하면 바로 입학할 수 있고 100% 온라인 과정이다. 국가 예산으로 입학생 전원에게 장학 혜택을 줘 학비가 무척 싸다.

공학 계열로 주목할 만한 선취업 후진학 대학은 다음과 같다.

주목할 만한 선취업 후진학 대학

대학	학과
건국대학교	신산업융합학과(인문)/뷰티산업융합학과(자연)
경희대학교	국제통상금융투자학과/문화관광산업학과/조리산업학과
고려대학교	생명과학부/생명공학부/식품공학부/환경생태공학부/화공생명공학과/신소재공학부/건축사회환경공학부/건축학과/기계공학부/산업경영공학부/전기전자공학부/컴퓨터학과
광운대학교	정보콘텐츠학과/자신관리학과
국민대학교	기업융합법학과/기업경영학부
단국대학교	마이스터경영학과
동국대학교	치안과학융합학과/사회복지상담학과/글로벌무역학과
덕성여자대학교	세무회계학과/토탈뷰티케어학과
명지대학교	창의융합인재학부/사회복지학과/부동산학과/법무행정학과/심리치료학과/미래융합경영학과
상명대학교	융합경영학과
서울과학기술대학교	융합기계공학과/건설환경융합공학과/헬스케어학과/문화예술학과/영미문화학과
성신여자대학교	융합보안공학과/뷰티산업학과
세종대학교	호텔외식관광프랜차이즈경영학과/글로벌조리학과
숙명여자대학교	문헌정보학과/소비자경제학과/앙트러프러너십전공
숭실대학교	금융경제학과/국제무역학과/미디어경영학과
인하대학교	메카트로닉스공학과/소프트웨어융합공학과/산업경영학과/금융투자학과
중앙대학교	지식경영학부
한양대학교	산업융합학부
한양대 에리카캠퍼스	융합공학과/회계세무학과
홍익대학교	디자인경영융합학부

이 대학들은 현재 하는 일에 도움이 되고 더 발전하기를 원하는 학생들이 진학하고 있다.

여기서 잠깐!

무크(MOOC, Massive Open Online Course)란 수강인원에 제한 없이(Massive), 모든 사람이 수강 가능하며(Open), 웹 기반으로(Online) 미리 정의된 학습 목표를 위해 구성된 강좌(Course)를 뜻한다. 최근 우리나라를 비롯해 세계의 대학교와 산업체에서 무크에 큰 관심을 두고 시스템을 구축하고 있다. 무크를 통해서 저명한 교수나 전문가 강의를 수강할 수 있고 학위도 받을 수 있다.

1. K-무크 (http://kmooc.kr)

한국형 무크인 K-무크는 서울대, 카이스트 등이 주축이 되어 시작했고 약 300개의 강좌를 운영한다. K-무크의 모든 강의는 무료다. 대학이나 강좌별로 강의를 검색해 수강할 수 있는데 강좌는 공학 계열부터 상경 계열까지 다양하다. 회원가입에 특별한 제한이 없어서 만 14세 이상이면 누구나 들을 수 있다.

2. edX (http://edx.org)

2012년 하버드 대학과 MIT가 함께 설립한 edX는 코세라, 유다시티와 더불어 세계 3대 무크의 또 다른 대표 플랫폼이다. edX는 전 세계 90개 이상의 명문대학과 유수 기업들의 전문가 강의를 제공한다.

각 대학의 졸업 학년이 듣는 석사 수준의 코스는 강좌당 1,200달러(약 134만 원)를 지불하면 edX에서 발급하는 MicroMasters의 학위를 받을 수 있다. 산업체와 대학에서 제공하는 이 강의는 전문적인 실력과 숙련도를 높일 수 있다고 정평이 나 있다.

세계적으로 유명한 전문가들과 최상위 대학들이 함께 만든 X 시리즈는 인기 과목이 많고, 심층적인 내용을 다룬다. 강의는 모두 유료이며, 증명서도 받을 수 있다.

세분화한 검색이 가능한 edX는 필요 강좌만을 검색해 들을 수 있다. 코스 메뉴에서 강의 수준, 과목, 프로그램 유형, 학교나 파트너 종류, 레벨, 언어를 필터링할 수 있다. 여기는 인문학부터 의학, 공학까지 다양한 분야의 강좌가 수준별로 있어 취미 삼아 듣기에도 적합하다.

edX의 모든 강의는 영어로 하며, 차시별로 시험이나 여러 종류의 과제가 있을 수 있다. 학위는 해당 강의를 제공한 대학, 산업체, 전문가가 발급하는 정식 수료증이다.

출처 : 내일뭐하지(http://www.naeilmohaji.co.kr)

Part

2

나는
공학 계열일까?

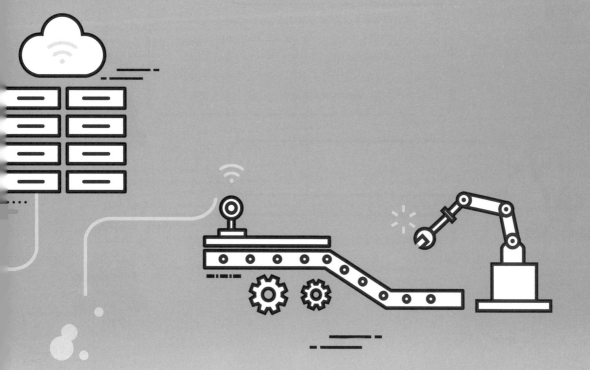

진로 선생님 인터뷰

공철이

진로를 어떻게 찾아야 할지 고민이에요?
그리고 고민해서 찾은 진로가 제가 생각했던 것과 달라서 다시
선택해야 하는 상황이 온다면 더 걱정될 것 같아요.

일찍 꿈을 찾았다면 그건 행운이야! 친구들 대부분은 꿈을 못 찾고 있단다.
기다린다고 누군가 꿈을 대신 알려주지는 않는단다. 크게 걱정 말고
무엇이든 도전하면서 발전시키는 것이 훨씬 나은 방법이지.

진로 선생님

공철이

아, 지우개 찬스처럼 제 꿈이 아닌 것을 빨리 찾는 것도 도움이
된다는 말씀이지요?

그렇단다. 어떤 한 가지 꿈을 위해 노력한 것이 내가 원하는 꿈이 아니라고
해서 시간과 노력이 낭비되는 것은 아니란다. 실천을 통해 꿈을 찾아가는
방법을 배웠으니 네가 원하는 꿈을 더 빨리 이룰 수 있지.

진로 선생님

공철이

그러네요. 걱정만 하고 있었는데 이제부터라도 도전해봐야겠어요.
꿈을 위한 활동은 어디서 찾을 수 있죠?

처음부터 활동해보는 것도 좋지만 주변에서는 기회가 없을 수 있단다.
공철이는 많은 사람들이 효능은 좋으면서 값싼 약을 만들어 건강한
사회를 만드는 꿈을 가지고 있으니 《톡톡 바이오 노크》 책부터 먼저
읽어보면서 궁금한 점을 찾고 실력을 쌓아가는 것이 좋을 것 같다.

진로 선생님

공철이

아! 그러면 되겠네요.
선생님, 고맙습니다.

다음에 또 궁금한 점이 있으면 상담하러 오렴. 너의 꿈을 응원할게^^

진로 선생님

1
어떤 성향이
공학 계열에 알맞을까?

진짜 진로를 찾는 법

"진로는 어떻게 찾지? 이게 내 길인지 아닌지 어떻게 알 수 있을까?"

일찍 꿈을 찾았다면 행운이다. 그러나 아직 꿈이 없다고 불안해할 필요는 없다. 진로는 보고, 듣고, 체험하고 참여한 경험에서 비롯된다. 진로를 찾으려면 많이 꿈꾸고, 경험해 봐야 한다.

"나는 커서 무엇이 될까?"라는 질문에 학생들은 마냥 신나고 당당하다. 어떤 날은 맛있는 음식을 척척 만들어 주는 요리사, 또 어떤 날은 나쁜 사람을 잡는 경찰이 되는 꿈을 꿀 수 있다.

경험을 어떻게 느끼고 해석하느냐에 따라 그것은 삶과 연결되는 중요한 이야기가 되거나 무의미한 사건이 되기도 한다. 경험을 유의미한 이야기가 되게 하는 것이 진로를 찾는 일 중 하나다.

요즘에는 진로의 개념이 내게 가장 적합한 최고의 직업을 찾는 것으로 변질해 있기도 하다. 그러나 진로는 깊은 열망 가운데 하고 싶어서 선택한 일을 최고로 만들어 가는 과정이다. 진로는 삶의 목적과 깊은 연관이 있다. 내가 앞으로 무엇을 하고 싶은지 기대하며 상상해 보는 것이 필요하다.

"나는 앞으로 어떻게 살까?"

"나는 어떤 사람이 돼야 할까?"

"나는 다른 사람들에게 어떤 사람이 되고 싶지?"

이렇게 생각하다 보면 진로의 방향이 더 쉽게 그려진다. 질문에는 힘이 있다. 성공적이고 만족하는 삶을 사는 사람들은 늘 자신 앞에 질문을 던진다고 한다. 삶을 진지하게 돌아보고 자신이 이룰 목적을 그리면서 앞으로 나아간다. 목적을 이루고자 충실히 살아감으로써 마침내 꿈을 이룬다.

꿈을 내가 가꾸는 화단으로 비유해 보자. 화단에 어떤 향기를 뿜고 어떤 색을 지닌 꽃을 심고 싶은지, 거기에 어떤 나무가 어울리는지 등을 그려보고 계획을 세워서 실제로 꽃과 나무를 심고 가꾸는 것이다. 꿈도 화단 꾸미기처럼 차근차근 정리하고 그 계획에 따라 실행해 보자. 거기에 자신만의 강점이 더해진다면 삶의 목적은 발견될 것이다.

내게 맞는 최고 진로란 것은 처음부터 있을 수 없다. 목적을 정하고 최선을 다해 그 길로 가다 보면 우연히 삶의 방향을 틀어주는 전환점이 오기도 한다. 우연한 기회로 잡은 일이 마침내 만족하는 일이 되기도 한다. 그래서 삶의 목적은 태도와 긴밀하다. 목적은 있으나 좋은 태도가 없다면 일하는 데 어려움이 생기고, 목적이 없는 성실한 태도는 없느니만 못하다. 내가 선택한 일을 나답게 만들어 가다 보면 그것이 최고의 직업이 되고 진로가 될 것이다.

이 책의 독자는 초등학교 학생부터 고등학생까지 다양할 것이다. 모두 무한한 가능성과 능력이 잠재해 있다는 점을 명심하자. 이 책을 천천히 읽어가면서 내 안에 감춰진 보물의 씨앗을 찾아보자. 그것이 찾아지는 날, 볕 잘 드는 좋은 화단에 소중히 심어서 싹을 틔우고 꽃을 피우고 열매를 맺어보자.

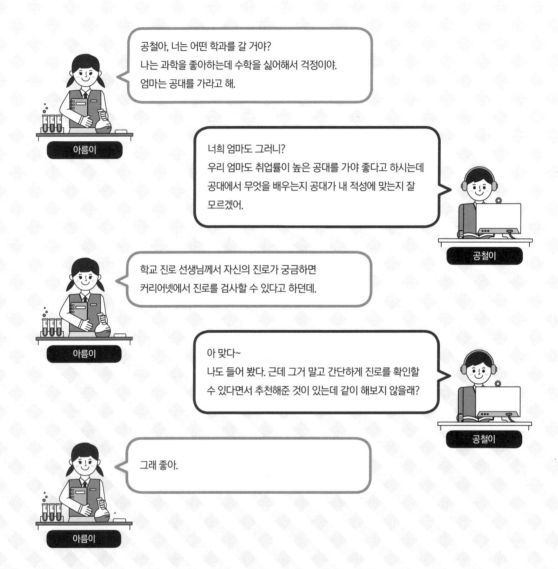

2

학교 진로 적성 검사지
해석과 100% 활용법

진로를 탐색하기에 앞서 학교에서는 학생의 적성, 흥미 등을 이해하기 위해 진로 심리검사를 한다. 진로 심리검사는 일정한 주기로 꼭 해야 하는 건 아니다. 하지만 학교에서 하는 진로 심리검사 결과로부터 부모는 자녀의 관심, 흥미, 진로 성숙도의 변화를 확인할 수 있다.

대부분 학교에서는 새 학기가 되면 진로 교육 활동의 하나로 직업흥미검사, 직업 적성검사 등 다양한 진로 심리검사를 시행한다. 이때 커리어넷(www.career.go.kr)이 주로 이용된다.

커리어넷 QR코드

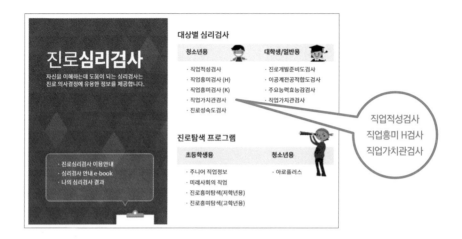

학교에서 시행한 진로 심리검사 결과지는 가정으로 전달되므로 가정에서 별도로 심리검사를 받기보다는 학교에서 받은 검사 결과를 깊이 이해한 뒤 자녀의 진로 설계를 돕는 것이 유용하다.

유념해야 할 점은 자녀가 성장하면서 경험 정도에 따라 얼마든지 진로가 변할 수 있다는 것이다. 부모는 여러 경험을 통해 진로를 탐색할 수 있도록 도와주는 자세가 필요하다. 만약 자녀의 희망직업과 검사 결과가 다르게 나온다 하더라도 자녀의 관심과 계획이 무엇보다 중요하다. 검사 결과는 하나의 예시일 뿐이니 적합한 직업군을 토대로 폭넓게 탐색하도록 하자.

보통 커리어넷에서 제공하는 진로 심리검사는 별도의 해석 없이도 결과를 잘 이해할 수 있도록 세밀한 결과표를 제시해준다. 더 자세한 설명을 원한다면, 커리어넷에서 제공하는 온라인 상담 서비스를 활용하면 된다.

진로를 결정하려면 먼저 본인의 여러 특성을 정확하게 파악해야 하는데, 가장 일반적인 방법이 '직업적성검사'다. 적성이란 어떤 과제나 임무를 수행할 때 개인에게 요구되는 특별한 능력이나 잠재 능력을 말한다. 일반적으로 지능과는 다른 능력이다. 직업적성검사를 통해 나온 결과는 학생이 어떤 직업에서 얼마나 그 직무를 성공적으로 수행할 수 있는지를 예측하게 해주는 하나의 지표라고 볼 수 있다.

여기서는 직업적성검사, 직업흥미검사, 직업가치관검사를 간략히 소개하겠다.

실제 사례로 보는
검사 결과 해석

공학 계열로 진로를 희망하는 A, B, C 세 학생의 진로 심리검사 결과를 분석해 봤다.

① 항공 조종 진로를 희망하는 A 학생 진로 심리검사 결과

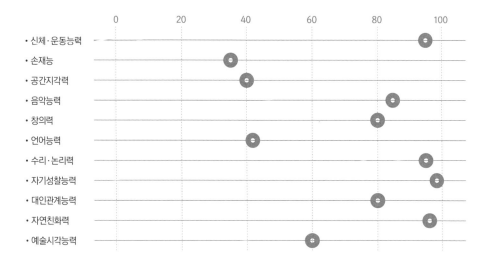

직업적성검사 결과

이 학생은 신체 운동 능력이 우수해 운동을 좋아하리라 예측할 수 있다. 음악을 듣거나 노래를 부르면서 스트레스를 해소하는 경향이 있다. 스스로 수학을 잘한다고 생각하고 실제로도 잘하나 똑같이 반복되는 문제를 피하는 경향이 있어 자칫하면 실수할 수 있다.

자기 성찰 능력이 우수하기에 자기가 잘하고 못 하는 것을 알아 자기관리를 하면서 꾸준히 성적을 유지할 확률이 높다. 판단 능력이 빨라서 자기주장이 뚜렷하고 부모의 잘잘못을 바로 지적할 수도 있다. 자연친화력이 높다는 것은 동식물을 좋아하고 관련된 분야에서 뛰어난 능력을 갖추고 있음을 의미한다.

직업흥미검사 결과

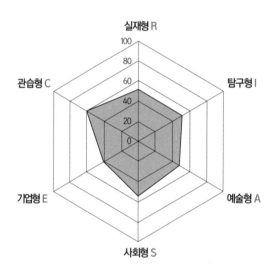

C 유형은 관습형으로 어떤 일을 하기 전에 미리 계획을 수립하는 것을 편하게 생각한다. 그러니 자기 계획은 이미 서 있는데 갑자기 엄마가 다른 일을 시키면 대단히 화를 내거나 싫은 내색을 하는 성향이다. 이런 성향은 어떤 일이 예정되어 있다고 충분히 설명을 해줘야 이해하고 잘 따른다.

S 유형은 사회형으로 혼자보다 친구랑 같이하는 것을 더 좋아한다. 이런 아이들은 특히 친구와의 약속을 소중하게 생각하며 팀 프로젝트를 좋아하고 즐긴다.

직업가치관검사 결과

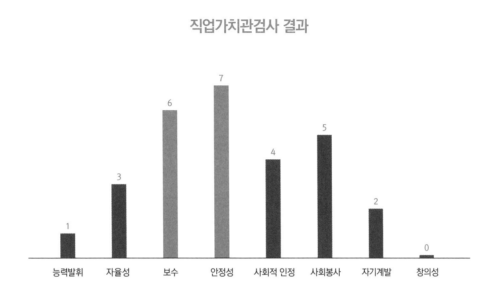

공학 계열 진로를 희망하는 학생인데 안정성을 높게 생각하고 앞선 직업흥미검사에서도 계획을 좋아하는 성향이므로 기업보다는 공학 관련 직무에 연관된 공무원 쪽이 나을 것으로 보인다. 일반적으로 학생들은 높은 보수를 원한다. 정말 돈에 관심이 많다면 흥미검사 중 관습형에서 세무회계 분야에 높은 특징이 나와야 하는데 그것은 아니기에 단순히 돈을 많이 벌기를 원할 뿐이니 크게 염두에 둘 필요는 없다.

이 학생은 사회성이 높아서 남과 더불어 살기를 원한다. 부모로서는 "제발 네 것이나 신경 써라"라고 할 수도 있다. 사회적 인정 지수도 높은 것으로 보아 자신이 열심히 한 일을 부모나 친구로부터 인정받기를 원한다. 칭찬을 통해 설득하는 편이 빠르고 더 인정해주면 열심히 하는 특징이 있다.

학생 A는 직업적성검사에서 수리·논리력이 우수하며 신체 운동 능력이 우수해

원하는 물건들을 잘 조정할 수 있고, 사람보다 사물을 더 좋아하기에 공학적 진로가 잘 맞는 것으로 나왔다. 자기 성찰 능력이 우수해 자기 부족한 점을 알고 이를 보완한다면 꿈을 이룰 수 있을 것이다. 손 재능이 부족한 단점이 있지만, 이는 만들기 같은 다양한 조작 활동을 어렸을 때 많이 하지 않은 탓일 수 있다.

드론 동아리에서 드론 비행이나 경비행기 연습을 통해서 조종실력을 높이는 방법이 있으며 과학탐구동아리에서 다양한 실험과 만들기를 하면서 이를 보완한다면 충분히 항공 조종 진로로 나아갈 수 있다.

② 문과와 이과로 진로를 왔다 갔다 하다가 마침내 화장품연구원을 희망하는 B 학생 진로 심리검사 결과

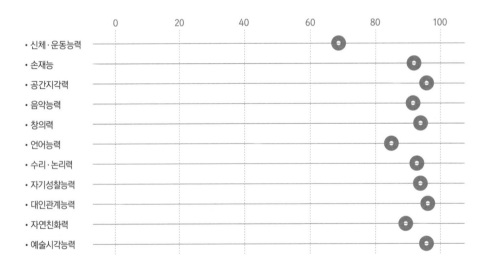

직업적성검사 결과

이 학생은 신체를 사용하는 운동 능력이 약간 떨어지지만 다른 항목에서 전반적으로 높은 결과가 나온 것으로 보아 자존감이 높고 무엇이든지 잘할 수 있다는 자신감이 넘친다. 이런 학생들은 자존감은 높지만, 성적이 따라주지 않거나 잘하는 게 많아서 진로를 무엇으로 잡을지 혼란을 겪는 경우가 있다. 공간지각력이 매우 우수하기에 노트 정리를 할 때도 단순 글보다는 그림과 표를 활용한다. 노트 정리를 예쁘게 하는 데 시간을 쓰고 두 번 다시 보지 않는 오류를 피하는 게 좋다.

창의력이 우수하고 탐구 활동과 동아리 활동을 적극적으로 참여하며 다른 사람을 잘 이끄는 성향이다. 혼자보다 다른 사람과 같이 어울려 하는 것을 좋아한다. 또 시각적인 표현을 좋아해 영상편집을 잘하거나 관심이 높을 것이다.

직업흥미검사 결과

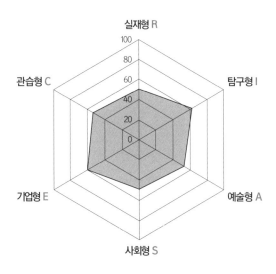

E 유형은 기업형으로 리더십이 있어 다른 사람을 설득하거나 토론과 논쟁을 즐긴다. 특히 주목받는 것을 좋아하고 인정받기를 원한다. 칭찬과 인정으로 그 일을 최고로 잘할 수 있도록 지도하는 것이 중요하다.

I 유형은 탐구형으로 새로운 일을 계획하는 것을 좋아한다. 어떤 경우에는 친구들이 "나댄다"라고 말할 정도로 앞에서 일을 자주 한다. 고등학교에서 성적이 잘

나오면 과학기술대학에 맞는 성향이지만 성적이 부족하면 실험과 탐구를 전문으로 하는 대학에 진학해야 대학 생활이 즐겁고 행복하다.

직업가치관검사 결과

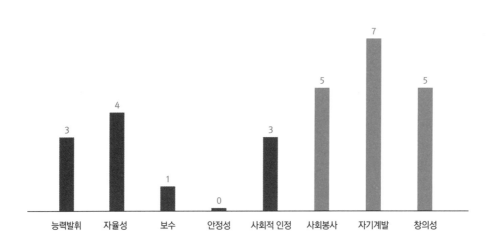

공학 계열 학생의 일반적인 가치관 검사 결과는 이렇게 나온다. 이 학생은 새로운 것을 배우고 싶어 하는 성향이며 다른 학생보다 더 많이 알고 있다는 것을 위안으로 삼기도 한다. 이런 학생의 부모는 한번 시작한 것을 끝내지 않고 또 다른 일을 시작한다며 걱정할 수 있다. 이는 아이의 성향이니 불평보다는 부모로서 잘 모르니 무엇을 하는지 이야기해 달라고 하는 편이 좋다.

직업흥미검사에서 창의성이 높게 나온 것은 검사를 제대로 했다는 의미다. 똑같은 일을 반복하기보다는 새로운 도전을 좋아한다. 또 자기 지식을 혼자만 아는 것이 아니라 "배워서 남 주자"라는 생각으로 주말마다 다른 곳을 다니면서 배운 것을 실천하는 성향이다. 외향적인 성향이 명확히 드러난다.

부모는 기쁨을 느끼는 지점을 지지해주어야 한다. 자율성이 높아서 부모 간섭을 받기 싫어한다. 고등학생이라면 부모 말을 듣지 않고 "엄마가 뭘 아는데"라고 말할 수 있다. 아이의 의견을 잘라서 강요하지 말고 어떻게 할 것인지 계획을 세워 알려 달라고 하고, 이때 잘한 것은 칭찬하고 부족한 점은 스스로 성찰하도록 하는 편이 좋다.

B 학생은 전반적으로 우수하다. 이 학생은 활발하게 움직이는 것보다 좁은 공간에서 다른 사람들과 어울려 일하는 것을 좋아하기에 연구원 진로가 적합하다.

새로운 일을 계획하고 추진하는 탐구력이 뛰어나며 다른 사람을 설득하고 이끄는 능력이 우수하기에 자신이 희망하는 화장품연구원의 꿈을 이룰 가능성이 크다. 특히 자기계발능력, 창의성, 자율성이 높게 나와 꾸준히 탐구하고 새로운 것을 만드는 강점을 충분히 지니고 있음을 확인할 수 있다.

앞으로 과학탐구동아리에서 피부 보습에 효과적인 성분을 활용한 화장품을 만들어 효과 검증실험, 주름 개선 필러를 맞고 피부 개선 여부를 현미경으로 확인·실험하는 등 노력을 기울인다면 화장품연구원 진로로 나아갈 수 있다.

③ 생명공학과 진로를 희망하는 C 학생 진로 심리검사 결과

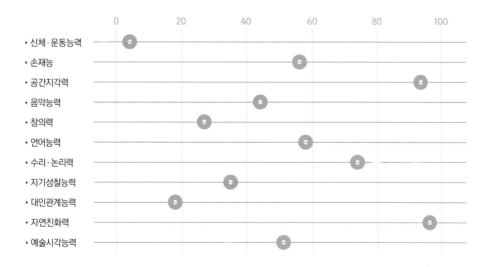

직업적성검사 결과

여학생들은 보통 이런 결과가 나오는 편이다. 신체 활용 능력이 남학생보다 상대적으로 떨어지나 손 재능이 우수한 편으로 기술적 재능이 있다고 볼 수 있어서 관련된 일을 할 만하다. 다만, 창의적인 능력이 떨어지는데 다양한 독서와 탐구로 보완하면 된다. 공간지각력이 우수하기에 사물의 위치를 잘 파악하고 도표와 그래프를 분석하는 등 공학적 사고력이 높다. 꼼꼼히 암기하는 것보다는 직관력으로 빨리 공부를 끝낼 수 있는 장점은 있으나 세세한 것을 잘 기억하지 못하기에 백지 노트를 활용해 전체와 부분을 같이 기억할 수 있도록 노력해야 한다. 동물과 식물을 좋아해 자연친화력이 높고 거기에서 쉼을 얻는다. 또 앉아서 하는 일보다 활동적인 일이 더 잘 어울린다.

직업흥미검사 결과

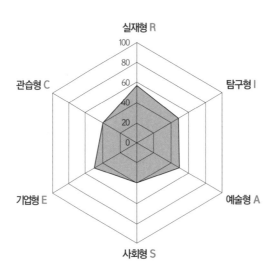

R 유형은 실재형으로 기계나 도구를 조작하는 일을 좋아한다. 사람보다는 사물, 동식물에 관심이 많다. 주로 몇 명의 친한 친구와 깊은 관계를 맺으며 말수가 적은 편으로 기계 기술과 농림환경 분야에서 일하는 것이 적합하다.

A 유형은 예술형으로 반복하는 일을 싫어하며 도전하기를 좋아한다. 공부나 기술의 난도를 높여서 단계적으로 올라갈 수 있도록 지도가 필요하다. 노래를 부르면서 스트레스를 해소하는 편으로, 감정에 솔직하고 자유롭게 표현한다.

E 유형은 기업형으로 리더가 되어 새로운 일을 계획하고 추진하는 것을 좋아한다. 이끄는 일로 주목받고 칭찬과 인정을 받기를 원한다.

직업가치관검사 결과

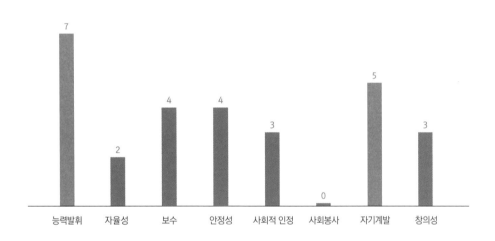

능력발휘가 높은 것은 주로 공학 계열 학생의 가치관 검사 결과에서 두드러지게 나타나는 특징으로, 능력 발휘를 통해 인정받고자 하는 성향이다. 새로운 것을 배우고 또 배운 것을 다른 학생에게 알려주는 것을 좋아한다. 자기가 배운 지식을 나누면서 기쁨을 느낀다. 나눌 지식이 없으면 지속해서 새로운 것을 배우려고 노력한다. 궁금증을 유발해 계속 공부할 수 있도록 여건을 만들어 주는 것이 중요하다. 기계를 다루는 것을 좋아하지만 자율성보다는 안정성을 추구하며 사회적으로 인정받기를 원하는 학생이기에 공기업이나 외국계 기업이 더 어울린다.

C 학생은 직업적성검사에서 자연친화력이 높아 동물과 식물을 좋아하는 것으로 나왔다. 특히 동물을 좋아해 야생동물 치료 센터에서 봉사하면서 수술과 약 투여 같은 장면들을 보며 동물 치료제를 개발하고 싶은 구체적인 목표를 세웠다.

　혼자 또는 친구들과 하는 도구 조작을 좋아하며, 새로운 일을 계획하고 이를 추진하면서 기록하는 일도 즐기는 성향이 있어 생명공학 진로를 이루기에 충분하다.

　창의력이 다소 낮게 나왔지만, 무언가를 만들어 다른 사람에게 인정받기를 원하고 새로운 것을 탐구하는 데 강점이 있으므로 충분히 만회하리라 본다. 고등학교에서 발명 동아리 등을 만들어 활동하면서 이를 보완한다면 충분히 생명공학과로 진학할 수 있다.

　세 학생의 종합결과지를 살펴봤으니 직업 심리검사의 의미를 다소 이해했을 것이다. 이제 검사를 하나씩 살펴보며 내용과 방법을 이해하고 실제로 인터넷에 접속해서 본인이 검사해 보거나, 이미 학교에서 한 결과가 있다면 다시 확인해 검사 결과를 이해해 보도록 하자.

4 직업적성검사

    적성이란, 특정 영역(학업, 업무 등)에서 능력을 발휘하는 잠재적인 가능성을 말한다. 이 검사는 피검사자가 직업과 관련한 다양한 능력을 어느 정도 지니는지 스스로 진단해 자아 성찰, 진로, 그리고 직업 세계 탐구에 도움을 주고자 만들어졌다. 검사시간에 제한은 없지만, 중학생은 20분(59문항), 고등학생은 30분(96문항) 정도다.

    항목은 신체·운동능력, 손재능, 공간지각력, 수리·논리력, 대인관계 능력 등 모두 12개다. 이 항목의 검사가 끝나면 적성영역별 능력 정도를 나타내는 프로파일이 제공된다. 그중 상대적으로 높은 능력을 보이는 2~3개 적성영역이 제시되고 관련 직업이 추천된다. 또 직업군별 능력 보유 정도가 5등급(낮음, 약간 낮음, 보통, 높음, 매우 높음) 중 한 가지로 제시된다.

QRCode: **직업적성검사 결과표**

    '검사 결과를 바탕으로 한 추천 직업군'에서는 피검사자의 검사 결과와 11개 검사능력별 점수를 바탕으로 학생에게 가장 적합하다고 판단되는 직업들을 추천해

준다. 만약 학생의 뛰어난 능력이 다른 영역에도 있다면 그 능력을 토대로 한 직업 군을 다시 설명해주기도 한다.

　보통 공학 계열 학생은 손으로 도구를 정확하고 자유롭게 사용하는 능력이 우수해 손 재능이 높은 편이다. 또, 공간지각력도 뛰어나 형체를 잘 인지한다. 호기심이 높고 도전하는 성향으로 창의력이 탁월하며, 논리적인 추론능력으로 계산하고 파악하는 수리·논리력도 우수하다. 식물과 동물에 관심이 많다면 자연친화력도 좋다고 나온다.

⑤ 직업흥미검사

흥미란 어떤 활동이나 사물에 특별한 관심이나 주의력을 기울이는 행동 성향을 말한다. 즉, 무엇에 더 가치가 있는지 판단하고 이에 주의를 기울여, 앞으로 계속 그것을 향해서 나아가려는 일반적인 특징을 말한다. 흥미는 동기와는 다른 개념으로 작은 목표보다 더 광범위한 목표와 관련된다.

흥미검사에서 주의할 점은 한두 가지 흥미 점수로 따지기보다는 검사에서 나타난 전체적인 흥미 유형과 수준을 중심으로 봐야 한다는 것이다.

공학 계열 학생은 도구를 활용하는 능력이 우수해서 주로 실재형이 많다. 자신이 궁금한 문제를 탐구해 나가면서 이해하려는 성향인 탐구형도 많은 편이다.

사회형이 높으면 남과 더불어 일하기를 좋아하며, 기업형이 높다면 리더십이 뛰어나 타인을 잘 이끌어가므로 창업을 선호한다. 관습형은 공대를 나와서 전공 관련 공무원을 하는 것이 어울린다.

다음은 공학 계열 희망 직군의 흥미 유형을 확인해 볼 수 있는 결과다. 온라인 진로컨설팅 업체 '투모라이즈'의 직군 선택에 따른 직업흥미도검사 결과를 공학 계열만 뽑아서 재구성했다. 총 응답 인원 16,804명 중 2,826명이 공학 계열 직업을 선택했고 공학의 계열별 흥미 유형 결과는 다음과 같다.

건설 관련직

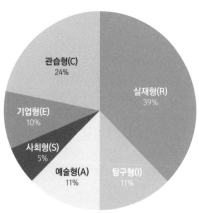

운송 관련직

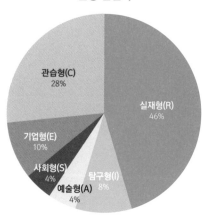

전기 · 전자 관련직

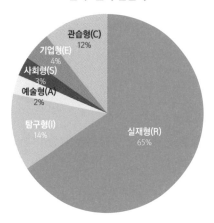

기계 관련직

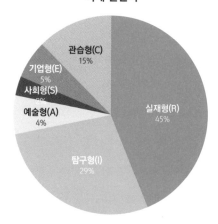

재료 · 화학 관련직

정보 · 통신 관련직

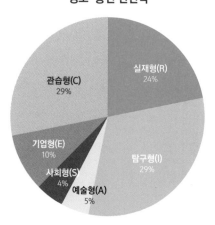

건설 관련직과 운송 관련직을 선택한 사람 중에는 실재형(R)이 가장 많고, 그다음으로 관습형(C)이 많다. 기계 관련직과 전기·전자 관련직을 선택한 사람 중에서는 실재형(R)이 가장 많고, 그다음이 탐구형(I)이다. 재료·화학직은 탐구형(I) 38%, 실재형(R) 25%, 정보·통신 관련직은 탐구형과 관습형이 같은 수치인 29%, 실재형이 24%로 그 뒤를 이었다.

　　직업흥미도검사 결과를 종합해 보면, 공학 계열 직업을 선택한 학생들의 흥미 유형은 공통으로 실재형(R)이 가장 많이 나타나고, 직업별로 관습형(C) 또는 탐구형(I)이 많이 나타남을 알 수 있다. 즉, 실재형(R), 탐구형(I), 관습형(C) 유형이 가장 높은 수치를 보였다. 이는 홀랜드 흥미 유형별 이론과 거의 일치한다.

　　특이한 점은 사람들이 보통 연구보다는 실행이 중요하다고 보는 직업군인, 건설 관련직과 운송 관력직에서는 관습형(C)이 높은 학생들이 희망했고, 연구와 실행이 동시에 중요시되는 직업군인 기계 관련직, 전기·전자 관련직, 재료·화학 관련직, 정보·통신 관련직에서는 탐구형(I)이 높은 비율로 나타난다는 것이다.

6 직업가치관검사

가치관이란 특정한 상황에서 선택이나 결정을 내려야 할 때, 일정한 방향으로 행동하게 만드는 믿음이나 신념을 말한다. 이것은 어린 시절부터 둘러싸인 환경이나 사람들(특히 가족 구성원)로부터 영향받아 결정된다.

이 검사는 직업과 관련한 다양한 가치 중 상대적으로 무엇을 더 중요하게 여기는지 살펴보고 그 가치가 충족될 만한 직업을 탐색할 수 있도록 돕는다.

검사에 걸리는 시간은 10분 정도로, 28문항으로 구성돼 있다. 중학교 1학년 학생부터 고등학생, 대학생, 성인에 이르기까지 검사에 참여할 수 있다. 검사는 직업과 관련한 두 개의 가치 중에서 자기에게 더 중요한 가치에 표시하는 방식으로 한다. 직업가치관검사의 내용으로는 능력발휘, 자율성, 보수, 안정성, 사회적 인정, 사회봉사, 자기계발, 창의성 이렇게 8가지가 있다.

검사 당사자가 가장 높은 가치를 둔 항목에 별표로 표시해 주고, 결과를 간략하게 설명한 뒤에 검사자의 가치관과 관련이 높은 직업을 소개한다.

공학 계열 학생은 새로운 것을 배우기 좋아하므로 자기계발과 능력 발휘 수치가 높게 나타나며, 자율적으로 일하고 싶어 해 자율성이 높게 나오는 편이다. 창의성이 높게 나오면 새로운 일에 도전하는 성향이나, 낮게 나온다면 반복적인 일을 좋아하는 기술직에 적합하다.

교수님, 안녕하세요? 화학은 어떤 학문인지 대충 뜻을 알겠는데요.
화학공학은 무슨 학문인지 궁금합니다.

화학공학은 화학물질을 다루는 것뿐만 아니라 에너지 공학, 환경 공학, 생명
공학까지 다루는 종합 학문을 말합니다. 그래서 화학공학자를 보통 '유니버설
엔지니어'라고 해요. 광범위한 기술적 문제를 해결하는 공학자라는 뜻인데요.
화학공학이 기초가 되어 다른 공학 분야에 널리 활용되기 때문입니다.

화학공학자 K교수

교수님은 어떻게 화학공학자가 되셨나요? 그리고 주로 연구하시는 분야도
말씀해 주시겠어요?

네, 저는 서울대에서 화학과 학사 졸업 후, 일본 동경대로 유학을 갔었는데요.
거기서 제 스승을 만나 화학공학으로 발을 들여놓게 되었습니다. 제 전문 연구
분야는 '촉매'입니다. 더 쉽게 말하면 에너지를 더 효율적으로 사용할 수 있게
도와주는 물질을 연구하는 것입니다.

화학공학자 K교수

어떤 특기나 적성을 가진 학생들이 화학공학으로 진로를 결정하면
좋을까요?

평소에 화학적인 분석이나 실험에 관심이 많은 학생이라면 관심을 가져볼 만
합니다. 우리 학과는 오래 집중해서 실험이나 실습을 하기 때문에 끈기와 세심한
주의력이 요구되기도 합니다. 저희가 연구 과제를 받으면 실험에 따른 인건비도
받기 때문에 연구하고자 하는 마음만 있으면 아르바이트를 하지 않아도 연구비를
받아 생활하면서 공부할 수 있다는 장점도 있습니다.

화학공학자 K교수

화학공학과를 졸업하면 보통 어떻게 진로를 정하는지요?

화학공학과는 취업 분야가 다양하고 취업에도 매우 유리한 편입니다.
화학공학과는 과학에 대한 전반적인 기초 지식을 바탕으로 공장 가동, 생산에도
필요한 공부를 하기 때문에 공장이 있는 제조업체라면 화공과 졸업생을 필요로
합니다. 학생들은 주로 안정적인 발전소 근무를 희망하긴 합니다. 또 연구를
계속하려면 석사를 합니다.

화학공학자 K교수

화학공학과를 희망하는 학생들에게 해 주시고 싶은 말씀이 있으신가요?

미래에 과학자가 되고 싶은 학생들에게 하고 싶은 말은 미래를 예측하고, 거기에
대비해 한발 앞서서 연구하는 자세가 필요하다는 것입니다. 그리고 팀으로
움직이는 과제가 많은 학과 특성상, 원만한 성격으로 좋은 인간관계를 유지하는
것이 매우 중요합니다.

화학공학자 K교수

2
공학 계열 사람들
특징

1 화학공학과 학생 이야기

　　화학공학과 석사 과정에 재학 중인 S 군은 꽹장히 내성적이다. 자신이 원하는 것을 당당히 이야기하거나 본인의 주관을 적극적으로 어필하기를 꺼리는 성격이다. 그가 공학 계열 학과에 들어가서 가장 힘들었다고 말하는 것이 바로 협업이다. 공학 계열 특성상 협업 과제가 주어지는 일도 많지만, 학과에서 하는 전공수업이 주로 수학, 과학, 물리학 등 어려운 과목들이다 보니 그룹스터디를 만드는 경우가 많다고 한다. 심지어 자신은 어려운 과목을 끙끙대면서 혼자 공부하느라 너무 힘들었는데 나중에 알고 보니 다른 친구들은 이미 그룹으로 같이 공부해 매우 당황했다고 한다.

　　공학 계열을 전공하려면 수학과 과학을 잘해야 한다는 것쯤은 모두 알고 있을 터다. 공학 계열에서는 학문 특성상 혼자 깊게 연구하는 것보다는 여럿이 의견을 나누며 공부하고 연구 과제를 같이 풀어가는 일이 흔하다. 그러다 보니 자연스럽게 협업 과제들을 자의 반 타의 반 그룹을 만들어 해결하는데 이때 인성이 가장 중요하며, 타인과 잘 어울리는 성향이 좋다고 한다.

② 포디즘 대 **포스트 포디즘**

2012년 한일 합작 드라마 〈사랑비〉가 방영됐다. 그런데 일본에서 인기 있는 배우 장근석과 소녀시대 윤아, 한류 원조드라마 겨울연가의 윤석호 PD가 모인 작품이라는 걸 고려하면 시청률이 턱없이 낮았다. 제작진의 기대와 매우 다른 결과였다.

여러 가지 원인이 지적됐지만, 양국의 드라마 제작방식이 달라서 비롯된 불협화음이 지목됐다. 우리나라는 보통 시놉시스가 확정되면 주요 배역을 캐스팅하고 한두 회 대본을 완성한 뒤에 촬영을 시작한다. 일본은 처음부터 마지막까지 대본을 완성한 후 배역을 캐스팅하고 촬영에 들어간다. 사전 계획대로 대본에 맞게 진행하면서 계획된 분량을 촬영하고 마치는 방식이다.

우리나라는 대본이 마지막까지 안 나오므로 시청률이 낮으면 일찍 종영하거나 높으면 연장하는 방식으로 시청자 반응을 봐가면서 결말을 결정하기도 한다. 그러다 보니 우리나라 드라마는 시청자의 피드백이 금방금방 반영되지만, 일본 쪽은 반대다. 이런 구조는 시장 반응에 취약할 수밖에 없다. 시청자 요구사항을 잘 들어주는 우리나라의 제작방식이 더 유연해 보인다.

포스트 포디즘이란 말을 들어봤는가? 2차 세계대전 이후 모든 기술은 규격에 맞는 제품으로 가능한 한 많이, 더 빨리 생산하는 대량생산체제에 맞춰졌다. 포스트 포디즘은 이런 획일적인 규격의 대량생산을 말하는 포디즘의 반대말로 등장했다. 시대가 바뀌어 사람들이 더는 개성 없는 것을 좋아하지 않게 되고, 소비자 욕구에 맞춘 소량 생산이 자리매김하게 된 현상을 일컫는다.

포스트 포디즘 방식은 업무 융합으로 여러 아이디어를 끌어내고, 팀 프로젝트, 사원의 경영 참여 등을 통해 유연하게 문제를 해결한다. 포스트 포디즘은 여러 기술의 응용과 합작에서 기존 포디즘을 바꿔 나가고 있다.

한일 합작 드라마에서도 볼 수 있듯이 일본은 예측과 기획을 중요하게 생각한다. 미리 모든 것이 짜여야만 비로소 실행된다. 한국은 기획이 완벽하지 않아도 먼저 시작하면서 시청자 반응을 보고 그 변화에 능동적으로 대처한다. 무엇이 더 낫고, 더 좋다고 말하려는 게 아니다. 주변 상황의 변화를 알아차리고 이에 유연하고 빠르게 대처하는 능력이 핵심이다.

미래 예측은 해당 분야에서 전문 지식과 뛰어난 직관력을 지닌 인재들에게도 쉽지 않은 일이다. 오래전에 마이크로소프트(MS) 회장인 빌 게이츠는 어떤 소프트웨어가 만들어지더라도 개인용 컴퓨터(PC) 메모리는 648KB(킬로바이트)면 충분하다고 장담했다. 그런데 현재 사용되는 PC 메모리는 무려 64GB(기가바이트)다. 빌 게이츠의 예상을 10만 배 뛰어넘는다.

사회는 앞으로 점점 더 예측 불가능해지고 변화 속도는 빨라질 것이다. 급속한 환경 변화를 발견하고 능동적으로 반응해야 한다. 문제를 인지하고 이를 빨리 해결하려면 유연한 대처는 필수다.

3 공학 계열
공부법

> J 군은 계명대학교 화학공학과를 졸업하고 기업 연구원으로 일한 적이 있다. 지금은 수능시험을 다시 치러 교육대학교 수학교육과에 다니고 있다.
>
> 그는 어릴 적부터 수학과 과학을 매우 좋아했다. 자연스럽게 고등학교에서도 이과를 선택했고 공학 계열로 진로를 선택하는데 큰 고민은 없었다. 그런데 연구원으로 일하면서 적성이 공학과 맞지 않는다고 느꼈다. 지금은 학교에 다니며 개인과외로 초등학생에게 수학을 가르치는 일이 매우 행복하다고 한다.

대학의 학문 연구는 바뀌고 있다. 수학과 과학 지식을 기반으로 인문학, 뇌과학 등을 융합해 새롭게 설계하고 이를 해결해나가는 과제들이 많다.

공학 계열 전공자와 종사자들을 인터뷰한 결과는 놀라웠다. 공학 계열 진로나 전공을 위해 꼭 필요한 역량이나 자질이 무엇이냐는 질문에 모두 약속이나 한 것처럼 '인성'을 최우선으로 꼽았다.

협력 과제가 많고 시대상을 반영해 융합과 통섭이 필요하기 때문이다. 그런데 혼자 공부하는 것을 좋아하거나 대인관계를 어렵게 여기는 성향의 사람들은 이런 과정이 무척 힘들다고 느낄 수 있다. 공학 계열로 진로를 원한다면 먼저 다양한 활동을 통해 사람들과 관계를 맺고 유지하는 경험이 요구된다.

> 건축학과를 가고 싶은 M 양은 수학 때문에 고민이다. 재미는 있는데 성적은 잘 나오지 않아 미칠 노릇이다. "수학, 과학이 공학 계열 필수 과목이라는데 앞으로 어쩌지?" 걱정만 앞선다.

어떻게 하면 수학을 잘할 수 있을까? 고등학생인 M 양이 건축학과에 가려면 수학Ⅰ, 수학Ⅱ, 미적분, 기하, 물리학Ⅰ, 물리학Ⅱ, 화학Ⅰ, 기술·가정, 미술, 미술창작, 미술 감상과 비평 등의 과목을 선택해야 한다. 전부 수학을 기초로 하는 학문이라 수학 지식과 풀이가 꼭 필요하다. 고등학생이 아니라도 공학 계열 진로를 원한다면 수학은 잘해야 한다. 어떻게 수학을 공부해야 할까?

버클리 대학의 쇤펠트 교수는 재미난 실험을 했다. 그는 오랫동안 수학 문제를 해결하는 수많은 학생을 비디오로 찍어서 분석했다. 마침내 그가 내린 결론은 수학은 재능보다 태도라는 것.

그는 고등학생들이 스스로 수학 문제를 풀기 위해 고민하다가 포기하는 시간을 측정해봤다. 평균은 보통 2분이었다. 어느 날 르네라는 여성을 만난 쇤펠트 교수는 매우 흥분했다. 르네는 한 문제를 풀려고 무려 23분 동안 고민하고 이런저런 값을 넣어봤다. 그녀는 끈질기게 도전했고 시간은 염두에 두지 않고 반복해서 제 생각을 적용했다. 그녀는 수학을 잘하는 타입이 아니었다. 보통 학생은 문제에 집중만 하다가 흥미를 잃고 손을 놓는데 그녀는 끝까지 포기하지 않고 끝끝내 해답을 찾았다.

우리는 보통 수학을 잘하는 학생은 재능을 타고났다고 생각한다. 그러나 쇤펠트 교수는 태도가 중요하다는 결론을 도출했다. 시도하고자 하면 수학을 마스터할 수 있다는 말이다. 성공은 보통 사람이 30초 만에 포기하는 것을 23분이나 붙잡고 늘어지는 끈기와 지구력, 해내고야 말겠다는 의지의 열매다.

수학을 잘 못 하는 학생은 어떻게 공부하면 좋을까? 수학은 단계를 차근차근 밟아서 공부해야 하는 교과다. 수학을 나선형 교육과정의 산물이라고 한다. 이 말은 앞에서 한 공부를 모르면 다음 단계의 문제를 절대 해결할 수 없다는 뜻이다. 요컨대 수학은 하위개념을 이해하지 못하면 상위개념의 문제를 풀 수 없다. 수학을 잘하지 못하는 학생은 이전에 배웠던 부분 중 어딘가를 제대로 학습하지 않고 놓쳤거나 그냥 넘어갔을 확률이 높다.

먼저 자기 수준을 정확히 알아야 한다. 내가 어디서부터 부족해졌는지 찾아서 거기서부터 차근차근 다시 공부해 나가야 한다. 이전 학년 수학 교과서로 차근차근 처음부터 풀어보는 것이 좋다. 중학생은 초등학교 교과서를, 고등학생은 중학교 교과서를 보자. 어느 세월에 그 많은 교과서를 다 보느냐고 항의할지도 모르겠다. 하지만 풀다 보면 내가 아는 것은 지나치고 모르는 것은 다시 배우며 속도가 점점 빨라진다. 쇤펠트 교수 말처럼 끈기를 가지고 할 수 있다는 신념으로 매진하다 보면 마침내 원하는 결과를 얻을 것이다.

다음은 《드디어 공부가 되기 시작했다》(정동완, 문주호 공저 232쪽)에서 소개한 상황별 수학 공부법이다. 수학 공부가 힘들 때 한번 적용해 보자.

---

1. 개념, 원리, 법칙 이해하기

2. 연산 훈련과 오답 찾기

3. 독서를 통한 수학적 사고력 기르기

4. 기본 공식과 수학 문제 연결짓기

5. 암산보다는 수식 사용하기

6. 매일매일 수학 문제 풀기

7. 수준별 학습과 심화학습 병행하기

8. 수학 문제별 접근 방식 찾기

9. 양 중심이 아니라 질 중심으로 공부하기

Part

3

공학 계열
직업을 갖는
완벽한 대비

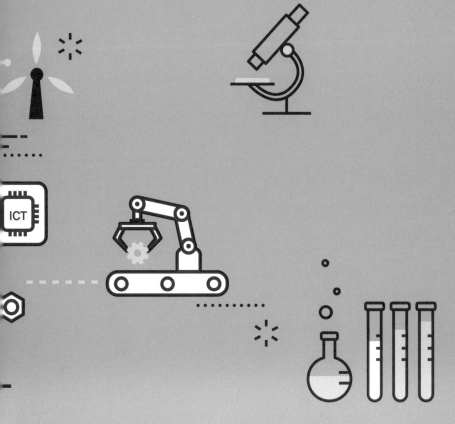

1
초·중·고에서
미리 준비하면
좋을 것들

1

공학 계열 진로
로드맵

공학 계열을 희망하는 학생들은 일반적으로 수학과 과학을 좋아하며, 초등학교 때부터 발명대회나 과학탐구대회에 참가해 스스로 궁금한 문제에 해답을 찾으려는 성향이 강하다. 이런 학생들은 보통 창의력이 뛰어나다.

창의성이 새롭게 만들어내는 것만을 의미한다고 오해하는 경향이 있는데, 진정한 창의성은 좀 더 나은 방향이나 모양으로 만들어내는 정신 활동을 뜻한다. 일상생활에서 작은 문제라도 새롭게 발견하는 것. 발견한 문제를 해결할 수 있는 새로운 대안을 찾는 과정이라고도 할 수 있다.

창의성이 뛰어난 사람이 반드시 지능이 높은 것은 아니다. 창의적인 사람이 대체로 머리가 좋기는 하지만, 머리가 좋은 사람이 반드시 창의적이지는 않다. 창의적인 학생들의 특징은 이렇다.

첫째, 에너지가 넘치지만, 스스로 조절하며 균형과 안정을 유지한다.

둘째, 영리해 보이지만 매우 순수한 시각으로 문제를 바라보며 새로운 생각을 한다.

셋째, 아이디어가 떠오르면 직접 실행해 보고 경험하는 적극적인 태도를 보인다.

넷째, 자기 재능만을 믿거나 재능 없음을 탓하지 않고 끊임없이 노력한다.

다섯째, 예민한 감수성을 보이며 어려움을 이겨나가는 자질이 매우 우수하다.

요약하면, 창의적인 학생들은 주로 긍정적이고 적극적인 태도를 보이며 문제를 다양한 시각에서 이해하고 접근하는 사고를 한다. 그렇다면 창의적인 사고력을 키우는 방법에는 무엇이 있을까?

질문하는 능력	판단을 유보하고 통제하는 능력
• 자신에 관한 것이나 주변 사람에 관심을 품고 질문하기 • 사소한 것도 호기심을 가지고 관찰하고 질문을 만들어 보기 • 당연한 사실도 "왜 그럴까?" 다시 생각하기	• 성급하지 않게 늦게 판단하기 • 아이디어를 제시할 수 있는 다양한 방법을 사용해서 알아보고 판단은 마지막까지 더 생각하기

다른 시각으로 보는 능력	문제를 조합하고 시각화하는 능력
• 같은 모양이나 현상을 다양한 시각으로 생각해 보기 • 거꾸로 해보기 • 다른 사람 처지에서 다시 해보기	• 이전 방식의 문제 해결법과 다른 방식을 조합하기 • 상상해 느껴보기 • 생각한 것을 시각화해 나타내기

이들이 중학교에 들어가서도 수학, 과학에 우수한 성적을 유지하면 영재학교나 과학고로 진학하거나 과학중점고등학교에 들어가 과학을 더 깊이 배우고 실험을 통해 좋은 성적을 얻는다. 이런 학생들은 자신이 좋아하는 실험과 탐구 활동을 많이 할 수 있어서 학교생활을 즐겁게 한다.

초등학교에서 창의력을 기르는 활동을 한다면 중학교에서는 관련 독서 활동을 권장한다. 독서를 많이 하면 언어능력이 형성되므로 빠르고 효율적인 학습이 가능하다. 책을 통한 간접 경험이 풍부해지면 새로운 상황에서 문제 해결력이 향상된다. 독서 활동은 눈으로 글을 읽고 머릿속으로는 상상하고 이해하며 사고력에 큰 영향을 미친다.

요즘에는 '양 손잡이형 인재'가 공학 계열에 유독 많다고 한다. '양 손잡이형 인재'란 인문사회적, 이공학적 소양을 두루 갖춘 사람을 말한다. 앞으로는 문제 해결형 인재보다 융합적 소양을 갖춘 인재가 요구될 전망이다.

일부 기업은 인문계 대졸자를 소프트웨어(SW) 엔지니어로 육성하고, 인문학 전공자 중 공학을 복수 전공했거나 전자공학 전공자 중 기계공학을 전공한 지원자와 같은 '양 손잡이 인재' 채용 계획을 밝히고 있다.

중학교 교육과정의 '자유학기제'를 적극적으로 이용해보자. 자유학기제는 학생들이 시험을 위한 공부가 아니라 소질과 적성에 따라 관심 분야를 탐색함으로써 흥미를 품고 즐겁게 공부하고, 미래 직업 선택으로 이어지도록 만들어진 과정이다. 희망하는 동아리에 가입하거나, 새로 동아리를 만드는 활동으로 공학 계열 감수성을 기를 좋은 계기가 된다.

고등학교에서는 과학실험 동아리, 과학 시사 토론 동아리, 또는 수학 동아리에 참가할 기회가 생긴다. 궁금한 문제에 가설을 세우고 실험하고 토론하며 탐구 활동 보고서를 작성한다. 또 지역아동센터에서 과학 실험 멘토링이나 박물관에서 부스를 설명하는 교육 봉사 활동을 하는 것도 좋다.

공학 계열에서는 일상생활을 비롯해 산업 기술을 개발할 인재 육성과 고급 이공계 인력 양성을 일반 목표로 한다. 다시 말해, 실제로 무엇인가를 생산하는 실천에 중점을 두므로 실험과 실습을 직접 해보는 것이 무척 중요하다.

공학 계열 진로를 희망하는 고등학생이라면 재학 중 서울대, 카이스트, 포스텍 등에서 개최하는 과학캠프에 참여해 보자. 비슷한 꿈을 꾸는 친구들과 소통하며 부족한 점을 보완하고 더 깊게 공부하는 힘을 기를 수 있다.

앞의 내용을 종합해 초등학생부터 고등학생까지의 공학 계열 진로 로드맵을 다음과 같이 만들어봤다.

공과계열 진로 로드맵

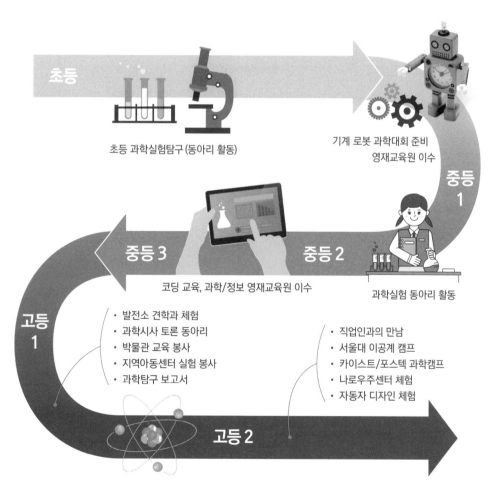

초등 과학실험탐구(동아리 활동)

기계 로봇 과학대회 준비
영재교육원 이수

중등 1

중등 3   중등 2

코딩 교육, 과학/정보 영재교육원 이수

과학실험 동아리 활동

고등 1

· 발전소 견학과 체험
· 과학시사 토론 동아리
· 박물관 교육 봉사
· 지역아동센터 실험 봉사
· 과학탐구 보고서

· 직업인과의 만남
· 서울대 이공계 캠프
· 카이스트/포스텍 과학캠프
· 나로우주센터 체험
· 자동차 디자인 체험

고등 2

고등학생은 특히 학교생활 포트폴리오 관리가 필요하다. 포트폴리오에는 자율 활동, 동아리 활동, 봉사 활동, 진로 활동, 독서 활동, 방과후학교 활동 등 다양한 활동 내용이 들어간다.

위 진로 로드맵처럼 진로 목표를 세운 뒤 진로에 맞는 활동을 일관되게 하는 것이 대단히 중요하다. 학생 신분으로 학교생활에 충실히 참여한 내용을 기록하고 진로 탐색과 선택과정을 이야기로 담는 것이다.

공학 계열 중 기계, 자동차를 진로 목표로 삼았다면 태양광 자동차, 드론, 3D 프린터의 원리를 이해하고 재조립해보는 활동처럼 스스로 더 발전하고 싶은 분야를 구체적으로 탐구해보는 게 좋다.

화학, 에너지 쪽은 교내 전기나 컴퓨터를 관리하면서 적정기술과 에너지 관련 탐구 보고서 활동을 병행하면 좋다. 활동하며 궁금한 점, 해결하고자 하는 문제들은 가까운 발전소나 연구소를 방문해 보완해보자.

생명, 환경 진로는 하천 정화 활동, 외래식물 제거 등의 봉사 활동을 통해 생명과 환경의 변화를 인식하고 외래 동·식물이 유입됐을 때 생태계에 미치는 영향력을 조사하고 탐구해보자.

전기·전자, 컴퓨터 진로는 학급 컴퓨터를 관리하면서 인공지능 상용화에 따른 변화된 사회를 조사하고 빅데이터를 활용한 통계조사법을 찾아보자. 또 로봇이 일상생활에 적극적으로 이용될 때 장단점을 예측하거나 분석하는 활동도 좋다.

어라! 그게 아닌데.
공대생에 관한 편견

"저것 봐! 누가 공대생 아니랄까 봐 딱딱 떨어지는 체크 남방만 입네. 공대생들은 다 저런다니까 글쎄. 체크무늬 가로는 x축이고 세로는 y축이야. 그래서 공대생들은 체크무늬가 편한 거지. 그래서 꼭 체크 남방만 사 입어. 공대생들은 다 그래!"

공대생에게는 오해와 편견이 꼬리표처럼 붙는다. 보통 공대생 하면 떠오르는 이미지가 무엇인가? 공대생은 수학적인 사고와 질서정연하고 답이 딱 떨어지는 것을 좋아하는 집단이라고 여긴다. 공대생은 체크 남방만 입고 다니는 줄 안다. 그러나 사고방식이 다양하기에 자유롭게 옷을 입을 뿐이다.

과거에는 여자 공대생들의 이미지가 편향돼 있었다. 안경을 쓰고 꾸미지 않거나 털털하고 편하게 다닌다고 생각했다. 그러나 사실과 다르다. 보통 여대생과 다르지 않다. 오히려 안 꾸미고 다닌다는 편견 탓에 공대 여학생들이 외모에 더 신경을 쓰기도 한다.

남학생들과 함께하는 시간이 많으니 공대 여학생들 성격이 다소 털털해지는 것은 사실이다. 하지만 상대적으로 사람 관계에서 친화력 지수가 더 올라가는 셈이니 장점이 된다. 여자라고 해서 팀별 프로젝트의 고된 과업을 남학생에게 떠넘기거나 임무에서 빠질 수는 없다. 전공 실습이 무척 힘들다고 소문난 기계과나 건축과에서는 남녀 가리지 않고 궂은일을 직접 한다. 공대생이라서가 아니라 개인 인성의 문제일 뿐이다.

남자들이 여자보다 수학, 과학 쪽으로 머리가 좋아서 상대적으로 여학생보다 성적이 잘 나온다는 편견도 있다. 순전히 가짜 정보다. 남학생과 여학생의 능력 차이는 성별이 아니라 노력으로 결정된다.

사람들의 가장 큰 편견은 공대생이 각종 전기제품을 잘 수리할 줄 안다고 믿는 것이다. 공대생은 공학적인 사고로 공부할 뿐 실제 고치는 능력과는 거리가 멀다. 기계 수리를 직접 배우지 않고, 실습해보지 않으면 공대생이라고 해서 잘하지는 못한다. 오히려 공대 실험실에는 수천만 원에서 수억 원짜리 장비들이 많아서 잘못 손댔다가 고장이라도 나면 큰일을 치르기에 함부로 수리하지 않는다고 한다.

'공대생은 취업 걱정을 하지 않고 따로 준비하지 않아도 무조건 취업이 된다'라는 편견도 있다. 하지만 전기공학과를 졸업하더라도 전기기사, 전기공사 자격증, 인턴, 공무원 시험 준비 등 다른 학생과 비슷한 조건에서 공부하며 준비한다.

단편적으로만 비교하면 공대가 다른 단과대학보다 취업률은 높지만, 공대생들은 상대적으로 근무 여건이 좋은 공기업이나 대기업에 취업하기 위해 더 피나는 노력을 한다.

2
공학 계열
선배들의 이정표

1 공학 계열에서 일하는 선배들은
어떻게 준비했을까?

공학 계열 직업을 얻고자 선배들은 어떤 노력을 기울였을까? 《국가대표 공학도에게 진로를 묻다 - 공대 출신 선배들 진로 이야기》에 등장한 이야기를 갈무리했다.

① 외국계 기업 3M 기술연구소 연구원

어릴 적 저는 단순 암기보다는 수학에서 수식을 풀거나 주어진 데이터를 보고 해석하는 것에 더 재미를 느꼈습니다. 이론만 가지고 생각하는 것보다는 직접 실험하며 그 결과를 예상하고, 나온 결과에 다시 그 원인을 찾아보는 탐구적인 활동을 직접 수행하는 과학 시간을 좋아했고, 막연하게 과학자를 꿈꾸었습니다.

화학공학과를 졸업하고 사회에 뛰어들려고 하니, 현실에서의 과학자는 책이나 TV에서 보던 것과는 매우 달랐습니다. 그나마 기업 연구소에서 연구원으로 일하는 것이 가장 쉬운 방법이었습니다. 연구원으로 취업하기 위한 준비를 시작했습니다. 취업한 선배들을 만나보기도 하고, 주변 어른들께 조언도 구하고, 담당 교수님과 면담을 계속하면서 어떤 곳이 가능한지를 계속 탐색했습니다.

그런데 저는 선배들이 국내 공립연구소나 대기업 연구소에 취업해 일하는 모습을 보면서 매우 답답함을 느꼈습니다. 딱딱한 상하부 조직 문화에 매여 스트레스 받으면서 연구하는 것보다는 좀 더 유연하고 여유로운 분위기 속에서 일하고 싶었습니다.

그러던 중 3M 연구소가 국내에도 있다는 정보를 접하고, 채용 공고를 기다리던 차에 수시채용을 한다는 소식에 입사지원서를 냈고 연구원이 됐습니다.

외국계 기업인 3M은 창의성이 뛰어난 제품들로 국내에서도 인지도가 높습니다. 그래서인지 업무에서 창의성을 중요시하고, 사원들이 언제나 아이디어를 낼 수 있도록 지원합니다. 또 사원들이 낸 아이디어를 특허화하고 상품화하기 위해 사내의 여러 프로그램을 직접 경험하거나 교육받을 수 있도록 시스템을 운용하고 있습니다.

글로벌 기업이다 보니 출장이나 온라인 협업으로 세계의 다양한 사람들과 동료가 되어 지식을 공유할 기회도 많습니다. 회사의 지원 아래 자기 능력이나 역량을 계발할 기회도 매우 다양합니다.

제가 가장 좋아하는 회사의 장점은 유연한 조직 문화 내에서 한 가지 정해진 업무만 계속하는 것이 아니라는 것입니다. 일하다가 더 잘할 수 있는 분야의 업무를 찾으면 그쪽으로 이동해 일할 수 있는 시스템이 잘 갖추어져 있습니다.

저 스스로 100년이 넘는 3M의 오랜 전통과 기술을 접하고 다양한 배움의 기회를 통해 엄청나게 성장했음을 느낍니다. 원한다면 계속 자기계발이 가능한 곳, 무엇이든 할 수 있는 곳, 무엇보다도 자유로운 분위기에서 개개인의 창의성을 중요시하며 일할 수 있는 것이 3M에서 일하면서 가장 만족하는 부분입니다.

② 창업과 스타트업

저는 컴퓨터공학과에서 공부하면서 우수한 학점을 받았습니다. 컴퓨터공학과는 제 적성과 성향에 아주 잘 맞았고 공부도 무척 재미있었습니다. 그래서인지 교수님 추천을 받아 'Poariant'라는 기술기반 기업으로 실리콘밸리에서 유명한 스타트업인 '액셀러레이터'에 2014년 9월부터 12월까지 3개월간 연수를 다녀왔습니다.

실리콘밸리는 지리적으로는 미국 캘리포니아주 샌프란시스코부터 산호세까지 이어지는 지역으로 과거부터 반도체 회사들이 대거 입주했다고 합니다. 그래서 그 반도체의 주원료가 되는 실리콘을 상징적으로 나타내어 이제껏 실리콘밸리라 불리고 있습니다.

최근의 실리콘밸리는 구글, 페이스북, 애플, 인텔 등 세계적인 ICT 기업들의 집성지로서 최첨단 기술을 가진 인터넷 기업들이 그 자리를 대신하고 있습니다. 실리콘 밸리에서 이뤄냈던 수많은 성공 신화는 세계의 주목을 받으면서 더욱 유명해졌습니다. 미래 산업의 주역으로 모든 공학자의 이목이 쏠리는 그곳에서 수많은 기업가, 세계적인 기업들 그리고 스타트업 생태계를 이끌어가는 투자자들을 만나며 제 인생관이 바뀌었다고 감히 말할 수 있습니다.

3개월간의 그곳 경험은 이제까지 제가 살면서 해 온 경험치의 대부분을 갈아치웠다고 해도 과언이 아닐 정도였습니다.

저는 무엇보다도 열정적으로 자기 아이디어를 표출하고 그 아이디어를 강력한 실행력으로 밀어붙이는 소위 '기업가'들을 만나면서 큰 도전을 받았습니다. 앞서 언급한 공학도들의 끝없는 도전도 새로웠지만, 더 놀라운 사실은 이런 기업가정신으로 무장한 '기업가'들이 나이에 상관없이, 남녀노소를 불문하고 존재한다는 것이었습니다.

초등학생부터 나이 지긋하신 할아버지까지 자신이나 주변 사람들이 생활에서 겪는 문제를 적극적으로 해결하려는 의지를 갖고 망설임 없이 과제에 도전하는 모습에 신선한 충격을 받았습니다. 이들의 도전이 모두 성공으로 이어지지 않고 대부분 실패하는 것도 사실입니다. 그러나 수많은 실패 경험이 또 다른 도전의 밑거름이 되고 그 자산이 결국은 더 탄탄한 성공사례를 만들어내는 사이클을 봤습니다.

저도 한국에 돌아와 실패해 보기 위해 도전을 시작했습니다. 제 인생에 비추면 과감한 도전이지만, 여러분이 이 글을 읽는 그 순간에도 저는 여전히 어딘가에서 최선을 다해 실패하고 실패해도 또다시 도전하고 있을 것입니다. 실패는 두렵지 않습니다. 그 실패가 결국은 나를 성공으로 이끌어 주리라 확신하기 때문입니다. 우리가 아는 유명한 기업의 CEO들은 이미 수없이 많은 실패를 경험했습니다. 그 경험들이 모여 오늘날 위치의 그들을 만들어 놓았습니다.

여러분, 실패는 실패가 아니라 또 다른 성공의 지름길입니다. 우리 학생들도 더 적극적으로 도전하고 실패해서 그 경험치를 모아 한국을 뛰어넘어 전 세계를 이끌어가는 또 다른 혁신의 씨앗이 되어주었으면 합니다.

③ 국제개발 분야

저는 산업공학과에 입학한 후에 다양한 창업에 관심을 두었습니다. 대학 3학년 때, 여러 진로를 놓고 고민하던 중에 친한 친구에게 적정기술 이야기를 처음 들었습니다. 공학과 기술로 세상을 변화시킬 수 있다는 점에 저는 큰 매력을 느꼈어요. 같은 관심을 가진 사람들과 함께 스터디하면서 더 많고 다양한 사례들을 접할 수 있었습니다.

그러던 중 해외 봉사 활동과 다양한 경험을 할 수 있었고, 이런 경험을 담은 지원서를 냈더니 2011년 한국국제협력단(KOICA) 국제협력 요원으로 선발됐습니다.

2년 3개월 동안 서아프리카 세네갈의 지방에 있는 기술학교에서 기계공학을 가르쳤습니다. 그 사이에 UN에서 발간한 UN 공식 가이드북 한국어판 출간에도 참여했습니다. 저는 공학도로서 우리나라에선 아직은 생소한 분야인 국제개발 분야에서 작은 경험을 쌓을 수 있었고 국제개발 분야도 공학도들이 활발한 활동을 펼칠 수 있는 또 다른 세계라는 것을 알았습니다.

국제개발은 우리나라에서 아직 잘 알려지지 않은 분야입니다. 특히 공학 전공자들에게는 더욱 그렇습니다. 하지만 여기에도 공학과 기술 분야 전공자들이 필요하고, 점점 더 그 수요가 늘어날 전망입니다. 국제개발 분야에 우리나라 공학기술 전공자들의 진출은 한없이 미미한 상황이기에 우리나라 젊은이들의 도전이 필요합니다.

　그럼, 어떻게 준비해야 할까요? 먼저 언어를 준비해야 합니다. 가장 기본적인 언어가 영어죠. 그리고 전공 관련 기술 지식을 쌓고 국제적인 감각을 키워야 합니다. 국제적인 감각을 키우는 일은 해외 봉사가 좋습니다. 국제개발 현장에서 직접 뛰지는 않아도 기부 활동을 통해 누구나 참여 가능합니다. 여기에 참여해 보면서 내가 이 분야를 진로로 삼아서 가도 되는지 가늠해 볼 수 있겠죠.

　해외를 무대로 이 세상을 더 아름답게 나의 전공 기술로 변화시키겠다는 꿈이 있다면 한번 도전해 보시기 바랍니다. 먼저 공학 전공을 위한 공부를 하시고 관련 준비를 해서 국제개발 분야로 뛰어들어 보세요. 국제개발 분야에서는 젊은 공학도를 간절히 기다리고 있습니다.

2 공학 계열 직업이
중시하는 역량

체스터 칼슨은 전기회사의 특허사무실에서 근무했다. 그는 특허출원서, 설계도 등 각종 서류를 먹지를 써서 복사하는 단순 업무를 반복하다가 복사기를 개발하기로 한다. 아이디어를 구체화하려고 대기업을 찾아다니면서 투자를 요청했지만 별 소득은 없었다.

어느 날 할로이드는 그 잠재성을 보고 칼슨의 아이디어를 사들여 복사기 개발을 시작했고, 1959년 마침내 복사기가 출시됐다. 이렇게 복사기로 제록스 사는 성장을 거듭했다. 1963년에는 데스크톱 복사기를 선보였다. 복사기가 갈수록 소형화하면서 보급률도 껑충 뛰고 회사는 나날이 성장했다.

1970년에 제록스는 연구소를 열었다. 이 연구소는 마우스, 그래픽 사용자 인터페이스 같은 수많은 첨단 기술을 개발했다. 그 가운데 압권은 지금의 개인용 컴퓨터와 같은 미니컴퓨터인 제록스 앨토의 개발이다. 그러나 회사는 이 기기의 가치를 알아보지 못했다. 화면에서 마우스 모양의 조작 장치와 쿼터 자판을 갖추는 등 잠재성은 어마어마했으나 정작 이를 간과했던 것. 제록스는 복사기에 적용하기 어렵다는 이유로 뛰어난 기술들을 외면했다.

1979년, 스티브 잡스를 비롯한 일부 애플 직원들이 제록스 연구소에 들렀다. 애플 관계자들은 미니컴퓨터의 잠재성을 알아보았고 후에 이 기술을 이용해 '애플리사'를 개발한다. 이때 스티브 잡스가 한 말이 "그 사람들은 자기네들이 무엇을 가졌는지도 모릅니다."였다.

제록스 연구소에서 발명한 수많은 선진 기술들은 그것이 상용화됐을 때 컴퓨터 산업에서 위대한 승리를 했을 테고 당시 매출의 10배를 넘는 큰 기업이 될 수도 있었다. 그러나 그들에게는 통찰력이 없었다. 애플은 제록스가 버린 기술을 거저 사용했고, 마침내 매킨토시 컴퓨터를 만들었다.

인간은 정보를 받아들여 무엇을 '아는 것'과 어떤 정보를 '알아내려는 활동'을 하는데 이 '아는 것'과 '알아내는 것'을 인지력이라고 부른다. 이런 인지력으로 문제를 해결해내는 능력을 역량이라고 한다.

역량은 인류 역사에서 발견과 발명을 가능하게 했고, 수많은 발견과 발명은 쌓이고 종합돼 오늘날 문명을 일구었다. 대한신학대학교 송조은 교수는 이 '역량'을 개인과 사회의 안녕을 위해 인지력을 기반으로 내·외부 자원을 활용해 복잡한 요구사항을 해결하는 능력이라고 정의했다.

제록스 사례는 인지력 개발도 중요하지만 동시에 다른 사람과 소통하는 능력과 협업도 필요함을 시사하고 있다. 제록스 연구소가 가진 좋은 기술들을 알아본 애플이 그 연구소를 사들이려고 갖은 노력을 기울였지만, 협상은 번번이 실패했다고 한다. 그 대신 애플은 앨토 GUI(Alto GUI)에 대한 권리를 산 다음 개인용 컴퓨터에 이를 채택시켜 비즈니스와 교육 시장을 목표로 삼았다. 1984년 출시한 애플 매킨토시는 GUI와 마우스가 인기를 얻게 한 최초의 컴퓨터가 됐다. 반면, 제록스는 시장에서 점점 밀려나 쇠락의 길을 걸었다.

그리스 로마 신화에 다이달로스라는 공예의 장인이 나온다. 그는 지혜의 여신 아테네에게 기술을 배워 건축과 공예 부분에서 매우 뛰어난 역량을 나타낸다. 그러던 어느 날, 다이달로스는 크레타 왕 미노스의 부탁으로 왕을 괴롭히는 괴물을 가두기 위해 미궁을 만든다. 그런데 누가 알았으랴. 훗날 왕의 미움을 산 까닭에 다이달로스는 자신이 만들었던 미궁에 갇혀 나오지 못하는 신세가 되어 버린다.

DescoP21, ATC21S, 2015 개정 교육과정에서 미래 사회를 위해 꼭 필요하다고 공지한 역량 요소들을 비교해 보면, 공통 키워드는 인지와 인성이다. 아는 것과 알아내는 능력을 담은 인지력과 이를 함께 키워가기 위한 협업으로서의 인성이 기본인 것이다.

요즘 세계적인 교육 동향은 알고리즘적 사고, 즉 인지 역량을 기르는 쪽으로 가고 있다. 알고리즘적 사고는 다른 말로 컴퓨팅적 사고다. 컴퓨터가 생각하는 방향과 그 절차를 이해하는 것을 말한다. 새 교육과정에서 도입한 코딩교육은 질문과 탐구의 알고리즘적 사고를 기르는 대표 과정이다.

알고리즘적 사고는 순차적 사고라고도 할 수 있다. 어떤 일을 하려면 일반적인 절차들이 있다. 만약 차를 몰고 집으로 간다고 하자. 순서가 있을 수 있을까?

문을 열고 차에 탄다 → 문을 닫는다 → 시동을 건다 → 안전띠를 하고 차를 출발시킨다 →

집에 도착한다 → 시동을 끈다 → 문을 연다 → 내린다

뭔가 이상하지 않은가? 맞다. 차에서 내렸으면 문을 닫아야 하는데 '내린다' 다음에 '문을 닫는다'가 없다. 이런 상태라면 자동차 문을 열어 둔 채 집으로 들어가고 말 것이다. 이렇듯 우리 머릿속 생각과 그 실행이 일치되는 것을 알고리즘적 사고라고 할 수 있다. 알고리즘적 사고는 알아내는 능력과 관계가 있다.

알아내는 능력을 키우는 데는 이미 알려진 것을 잘 아는 학습 역량(아는 역량)보다는 질문으로 숨겨진 것을 알아내고 사고력을 기르는 것이 요구된다. 질문과 사고력 함양을 통해 숨겨진 잠재 능력을 깨워 창의성을 기르는 것이 알고리즘적 사고라고 할 수 있고, 공학 계열에서는 무척 중요한 역량이다.

알고리즘적 사고에서는 기계적 사고를 알고, 차례대로 생각해 그 절차를 프로그램하는 코딩능력이 중요하다. 우리나라도 2015 개정 교육과정에서 코딩교육을 도입했는데, 초등 과정에서는 알고리즘과 프로그래밍 체험을, 중등에서는 알고리즘 이해, 표현, 그리고 프로그래밍 기초를 연습한다. 고등에서는 알고리즘 설계, 분석,

심화 프로그래밍을 한다. 사고력과 창의성을 키우는 코딩교육을 지향하는 과정이라고 할 수 있다.

여기서 잠깐!

보통 국제기구는 정치외교를 전공한 학생들이 갈 거로 생각한다. 그런데 사실은 공학

계열 학생들이 할 일이 더 많다는 사실! 한국의 뉴욕, 송도에는 여러 가지 국제기구가

있다. 다음과 같다.

송도를 뉴욕처럼 국제기구 도시로~!
2030년까지 국제기구 50개 유치 목표

국제기구는 정치외교학 학생들이 들어가는 것으로 생각하셨지요~
이제는 공과계열 학생들이 할 일이 더 많아요.

- 아시아·태평양 정보통신 교육원(UN APCICT)
- 동북아시아 환경협력프로그램(UN NEASPEC) 사무국
- 유엔 재해경감 국제전략(UN ISDR) 동북아시아사무소
- 유엔 재해경감 국제전략(UN ISDR) 국제방재연수원
- 동아시아 대양주 철새이동경로 파트너십 사무국
- 아시아 생물공학 연합체(AFOB)
- UN 지속가능발전센터(UNOSD)
- 녹색기후기금(GCF)사무국
- 글로벌 녹색성장기구 인천사무소
- 황해광역생태계 보전사업 사무국

여기서 잠깐!

다음 표는 중앙시사매거진(2016) 이코노미스트에서 2020년에 필요한 10가지의 업무 능력을 제시한 것이다. 다음 내용은 미래가 요구하는 인재의 역량으로 이해해도 된다.

2020년에 필요한 업무 능력

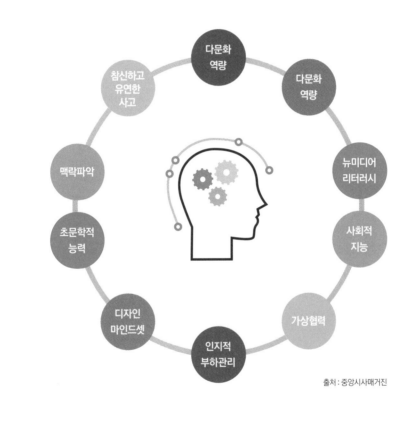

출처 : 중앙시사매거진

- **맥락 파악** (Sense Making): 이미 존재하거나 드러난 사실을 토대로 더 깊고 새로운 의미와 신호를 읽어냄

- **사회적 지능** (Social Intelligence): 다른 사람들과 직접적이고 깊게 교감, 교류함

- **참신하고 유연한 사고** (Novel and Adaptive Thinking): 기계적이고 틀에 박힌 방식이 아닌 새로운 방식으로 문제를 해결함

- **다문화 역량** (Cross-cultural Competency): 문화적 차이를 가진 타인을 이해하고 유연하게 받아들임

- **컴퓨터적 사고력** (Computational Thinking): 정답이 없어도 데이터에 근거해 판단하고 데이터에 숨어있는 추상적 의미를 찾아냄

- **뉴미디어 리터러시** (New Media Literacy): 뉴미디어를 활용해 새로운 콘텐츠를 만들고 주체적으로 정보를 받아들임

- **초학문적 능력** (Transdisciplinary): 학문의 경계를 뛰어넘는 다양한 시각으로 현상을 이해함.

- **디자인 마인드셋** (Design Mindset): 요구하는 결과를 얻기 위해 적절한 업무 프로세스를 개발하고 표현함

- **인지적 부하 관리** (Cognitive Load Management): 중요도에 따라 정보를 판별하고 걸러냄

- **가상 협력** (Virtual Collaboration): 가상 팀의 멤버로 존재감을 드러내며 참여를 끌어내 생산성을 높임

Part

4

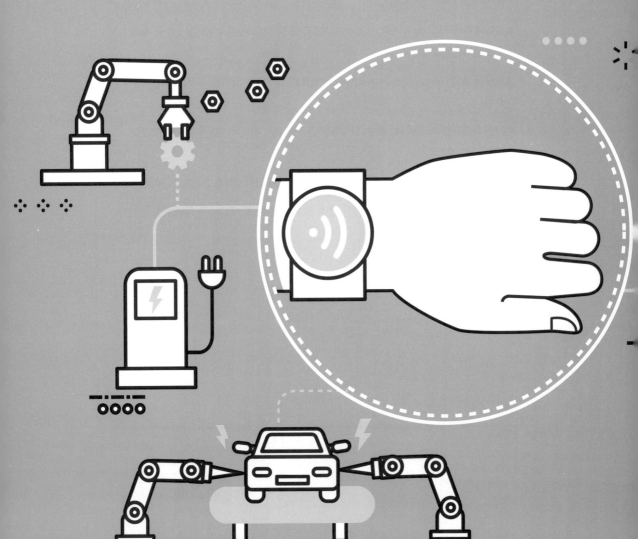

전국
공학 계열
진로 지도

항공우주 연구원 인터뷰

연구원님, 안녕하세요?
어떻게 과학자의 길을 선택하셨는지 궁금해요. 특별한 계기가 있었는지요?

저희 아버지가 망가진 걸 잘 고치는 손재주가 있었어요. 동네에서 망가진 TV,
밥솥, 시계 이런 것들을 고쳐주셨거든요. 그래서 저도 아버지 곁에서 같이 물건을
뜯어서 내부를 보기도 하고 부속을 갈아보기도 했어요. 자연스럽게 공학적
마인드를 키울 수 있었던 거 같네요.

항공우주 H연구원

공대 중에서 항공우주학과에 들어가신 특별한 이유가 있었는지요?

한 때는 하늘 위를 지나가는 비행기를 보면서 저 비행기를 모는 조종사가 되고
싶다고 생각한 적이 있어요. 그러다 아폴로 우주선의 달 착륙을 보고 바로 이거다
생각했죠. 우리나라를 대표하는 항공기도 만들어 보고 싶었고요.

항공우주 H연구원

항공우주학과에서는 주로 어떤 내용을 배우는지 궁금합니다.

항공우주학과는 비행기, 인공위성, 헬리콥터, 미사일, 우주선 등을 만들고
운영하는 데 필요한 이론을 배웁니다. 사실 항공우주공학과라고 해도 세부적으로
기계항공 공학, 항공 기계학, 항공 시스템학, 항공 전자공학 등등 매우 다양한
전공으로 나뉘어 있어요. 주로 수학과 물리를 기반으로 하기 때문에 이런 과목을
열심히 공부하면 좋아요.

항공우주 H연구원

그렇군요. 어떤 적성이 항공우주학과로 진로에 잘 맞을지요?

주변에 있는 다양한 기계들을 작동시키는 데 흥미가 있는 학생이면 됩니다.
또 첨단 과학을 공부하기 때문에 상상력이 풍부하고 새로운 것을 배우는 걸
좋아하는 학생이면 더 좋겠다 싶네요.

항공우주 H연구원

마지막으로, 과학자가 되고 싶어하는 학생에게 해 주고 싶은 말씀이
있으신지요?

과학자가 되고 싶다면 호기심을 가져야 합니다. 그리고 그 호기심을 해결하기 위해
여러 가지 시도를 해보는 것이 좋습니다. 저는 사실 어릴 때 말썽꾸러기였어요.
집 안에 있는 가전제품들을 뜯어 보다가 망가뜨린 게 많았거든요.
호기심과 그것을 알아내기 위한 실행이 과학적 소양을 키우는 데 매우 중요하다고
생각합니다. 끝까지 포기하지 않는 끈기도 매우 필요합니다.

항공우주 H연구원

1
공학 계열
유망 직업과 신직업

한눈에 보이는
신직업 지도

대학이 첨단 기술에 적합한 인재를 양성하고자 다양한 전공을 신설하고 있다. 인공지능, 빅데이터, 자율주행 자동차 등 핵심 기술들은 고스란히 신설 전공학과 이름이 됐다.

전남대 IoT인공지능융합 전공, 동국대 ICT·빅데이터학부, 동명대 자율제어 전공 등은 4차 산업혁명 시대를 상징하는 대표 전공이다. 전국 4년제 대학에서 신설한 전공 319개 중 108개(33.8%)가 공학 계열이다.

다음은 공학 계열 미래의 유망 직업을 조사해 표로 나타낸 것이다. 미래 유망 직업 중 몇 가지를 골라 해당 직업인과 인터뷰를 했다.

미래 유망 직업

중분류	미래 유망 직업
전기·전자·컴퓨터	클라우드 컴퓨팅 보안전문가, 사물인터넷 전문가, 인공지능전문가, 증강현실 전문가, 가상현실 개발자, 홀로그램 전문가, 클라우드 개발자, 의료용 소프트웨어 엔지니어, 핀테크 전문가, 빅데이터 전문가, 디지털 문화재 복원전문가, 게임 레벨 디자이너
건축·토목·도시	스마트도로 설계자, 스마트도시 전문가, 해양플랜트 설계자
산업·안전·운송	무인항공 촬영감독, 자율주행개발자, 드론 조종사
재료·생명·환경	할랄 전문가, 스마트팜 구축가, 생물정보학자, 유전체 분석사, GMO 시험연구원, 줄기세포 연구원, 오염지재개발전문가, 원전시설 해체 전문가
기계·금속·로봇	의료용 로봇전문가, 로봇SI 전문가, 스마트 팩토리 설계자, 홈 팩토리 마스터, 스마트팩토리 설계자
화학·고분자·에너지	3D 프린터 소재 개발자, 적정기술 전문가, 스마트의류 개발자, 칩리 싸이클링 전문가, 사이버포렌식전문가, 기후변화전문가, CO_2포집연구원, 에너지 절감 시설원

② 클라우드 컴퓨팅
보안전문가

클라우드 컴퓨터 보안전문가가 된 동기가 있나요?

대학 시절 전산 관련 전공을 했지만, 처음부터 보안 업무를 생각했던 건
아니었어요. 군대 장교 복무 중 우연한 계기로 군 보안 업무를 담당했는데,
그때 군의 보안관리 체계를 배우면서 기업체 기술자들과 기술을 협의하고
적용하는 과정에서 보안에 흥미를 느끼게 됐죠.
어린 시절부터 수학처럼 딱 떨어지는 답이 있는 것을 좋아했는데, 군의 보안
업무가 적성에 적합하다고 생각했고, 보안에 관한 지식을 쌓을수록 그
결과물이 확실한 점도 매력적이었어요.
제대 후 기업에서 보안과 관련된 업무를 할 수 있는 기업을 찾았고, 지금의
회사에 입사해서 보안 업무를 담당하게 됐습니다.

클라우드 컴퓨팅 보안전문가의 꿈을 이루려면
어떻게 공부해야 하고 어떤 자격증이 필요한가요?

전공을 결정할 때 컴퓨터공학이나 정보 보안학과 등을 선택해야 보안에 대한
배경지식을 쌓는 데 도움이 됩니다. 보안이 최근에 주목을 받으면서 많은
대학에서 보안학과를 신설하는데, 학과 명칭이나 교육과정이 트렌드에 따라
자주 바뀌는 곳보다는 전산, 컴퓨터 쪽으로 역사를 지닌 대학교와 학과가 도움
될 것으로 생각해요. 학교 인지도나 교육 커리큘럼에 관한 정보를 살펴보세요.
관련 자격증으로는 '디지털 포렌식 전문가'가 있는데 민간 자격시험으로
유지되다가 2013년 초부터 법무부에서 국가 공인 자격증으로 승인됐어요.
이런 자격 이외에 기업체에서 보안 관련 업무수행을 통해 경험을 쌓거나,
석·박사 과정을 거쳐 전문성을 쌓는 방법 등이 있습니다.

클라우드 컴퓨팅 보안전문가 일을 하면서 기쁘거나 보람됐던 적이 있으세요?

최근 보안에 관심이 점차 커지면서 TV에서도 관련 드라마 혹은 다큐멘터리를 제작해 방영할 정도로 인기가 많아요. 보안에 관한 사회적 인식 수준이 높아져 보람을 느끼고 있습니다. 1990년대 즈음만 해도 국내에서는 개인정보보호의 필요성이나 공감대가 거의 없었죠. 기업들도 보안시스템이나 소프트웨어에 투자를 꺼렸어요. 요즘은 주변 지인들도 제 업무를 이해하고 격려를 아끼지 않는데, 그때마다 힘이 납니다. 보안 영역이 확장하고 있어 더욱 뿌듯합니다.

일을 하면서 어려운 상황이 있었나요?

보안에 관한 인식이 많이 바뀌었지만, 아직도 컴퓨터 보안 프로그램을 설치하는 것에 거부감을 느끼는 분들이 많아요. 그러다 보니 정해진 기간 내에 업무를 끝내지 못해서 매우 어려웠어요. 보안 기술의 사용을 이해하게 하려면 '기술이 아니라 사람을 이해하고 설득하는' 일이 우선이라는 점을 알았습니다.

클라우드 컴퓨팅 보안전문가 진로를 희망하는 학생들에게 해주고 싶은 말이 있나요?

실제 업무 현장에서 보안 문제를 해결할 기술 능력을 기르기 위해 꾸준히 공부하는 일이 제일 중요합니다.
보안에 대한 전문성은 양날의 검과 같아서 어떤 목적으로 사용되느냐에 따라 선의가 될 수도, 범죄가 될 수도 있거든요. 올바른 직업 윤리의식이 매우 중요하고 해킹을 당했을 때 맡은 업무에 대한 책임감을 토대로 밤을 새우면서라도 끝내겠다는 열정이 필요합니다.

○ 클라우드 컴퓨팅 보안전문가로 일하려면 컴퓨터공학, 정보 보안학과를 전공해야 유리하다.

③

홀로그램
전문가

– ㈜홀로그래미카 대표 박창준(각색)

대표님 홀로그램 전문가는 어떤 일을 하나요?

세상에 없던 것을 만들어내는 창조자라고 봐요. 홀로그램 시장을
여는 개척자의 마음으로 일하고 있습니다. 하루가 다르게 변하는
통신환경에 대응하며 홀로그램 기술을 활용한 콘텐츠를 개발하고,
프로모션이나 이벤트 등에 홀로그램을 응용하는 방법을 연구해요.
최근에는 SM엔터테인먼트와 함께 소녀시대 공연 홀로그램 영상을
제작하기도 했어요. 홀로그램 기술을 바탕으로 가수와 함께 춤을
추고 노래를 부를 수 있습니다.

홀로그램 전문가라는 생소한 분야에 도전하게 된 특별한 계기가
있었나요?

그동안 영상과 오디오 분야에서 10년 넘게 활동하면서 좀 더
창의적이고 새로운 일을 알아보던 중 국내에서는 소수 인력만이
홀로그램 분야에서 일한다는 점을 알았어요. 이 분야를 더
발전시키고자 도전장을 내밀었죠. 처음에는 새로운 기술을
알려주는 사람이 없어 기술을 배우고 익히는 일이 가장 힘들었죠.
포기하지 않고 도전한 결과 360도로 볼 수 있는 리얼 홀로그램을
구현해냈어요. 홀로그램은 우리 기술이 없어서 국외에 의존하고
있고요. 그만큼 가격이 비쌌죠. 발전하는 데도 제한이 여러모로
많았어요. 이를 개선해야겠다는 의무감 때문에 더 열심히 할 목표가
생겼어요.

홀로그램 전문가가 되려고 어떤 준비와 노력을 하셨나요?

영상 관련 일을 하고 있어서 홀로그램에는 지속적인 관심이 있었어요.
처음에는 유튜브나 비메오 사이트에서 홀로그램 영상의 구현 원리를
찾아보는 수준이었지만, 목표를 세운 후 관련 책과 학회세미나를
다니면서 지식을 쌓았고, 이해되지 않는 지식은 현장 경험이 많은
해외업체에 문의했어요. 대부분 리얼 홀로그램이 아닌, 플로팅 방식의
홀로그램이었어요. 영상의 한 단면만 보여주는 플로팅 방식을 먼저
공부했고, 사업하면서는 리얼 홀로그램을 구현해야겠다는 목표를 놓고
꾸준히 공부했어요.

홀로그램 전문가로 일하면서 기억에 남는 작업이 있다면 소개해 주세요.

가수 故 김광석 프로젝트를 진행했던 기억이 오래 남네요. 故 김광석
탄생 50주년을 기념해서 나온 창작 뮤지컬 〈디셈버: 끝나지 않은
노래〉를 보면서 이 뮤지컬에 김광석이 실제로 출현한다면 참
재미있겠다는 생각을 하게 됐죠. 2012년에 미국 뮤직 페스티벌에서
고인이 된 투팍이 출현했던 사례를 국내에서 최초로 시도해 보고
싶었어요.
제가 뮤지컬 회사에 먼저 연락을 취해 프로젝트를 제안했고 흔쾌히
허락을 받아냈어요. 뮤지컬 무대에 출연한 김광석의 모습은 뮤지컬
관계자뿐 아니라 관객들에게 큰 호응을 얻었고, 저 개인적으로도 잊을
수 없는 프로젝트가 됐어요. 그때 일을 계기로 앞으로 고인이 된
사람들을 홀로그램 영상으로 만나는 뜻깊은 자리가 많이 마련되리라
기대하고 있어요.

미래의 홀로그램 전문가에게 선배로서 조언해 주신다면?

한 대학 졸업예정자가 홀로그램 전문가가 되고 싶다며 회사를 방문한 적이 있어요. 뚜렷한 정보나 목표의식 없이 열정만을 가지고 온 그 학생에게 다시 한번 생각해보라고 잘 타일러서 돌려보냈었죠. 이 일은 열정만으로는 할 수 있는 일이 아닙니다. 최소한 영상에 기본 자질이나 콘텐츠 제작에 관심이 뒤따라줘야 합니다. 활용 가능한 기술과 자격증이 있으면 더욱 좋겠죠. 무턱대고 도전하기보다 홀로그램 기술을 연구할지, 홀로그램을 활용한 상업적 접근에 관심을 둘지, 본인 성향을 파악해야 해요. 전문가들은 리얼 홀로그램 개발에 20~30년은 족히 걸릴 거로 내다보고 있습니다. 그만큼 홀로그램 시장의 갈 길은 멀어요. 물론 그만큼 가능성은 더 크게 열려있다고 볼 수도 있겠고요. 멀리 내다보고 앞날을 계획하는 자세가 필요합니다.

○ 홀로그램 전문인력으로 일하려면 홀로그래피3D학, 반도체디스플레이공학, 융합디스플레이공학과를 전공해야 유리하다.

4 인공지능
전문가

– 한국과학기술원 뇌과학 연구센터 및 뇌과학 기술응용 공동연구개발센터 소장 이수영,
ETRI의 인공지능 전문가, 김귀훈 동문(각색)

> 인공지능전문가는 어떤 일을 하는지 설명 부탁드려요.

> 저는 독일 에어랑겐 대학, 미국 콜로라도 대학, 일본 과학연구소에서 초빙교수를 지냈습니다. 현재는 한국과학기술원 뇌과학 연구센터와 뇌과학 기술응용 공동연구 개발센터에서 소장을 맡고 있죠. 한국 뇌공학회 회장이기도 합니다. 제 궁극적인 목표는 사람의 뇌가 어떻게 작동하는지 이해해서 이를 기계로 구현하는 겁니다.

> 인공지능에 관심을 둔 특별한 계기가 있으셨나요?

> 1980년대 중반은 인공지능의 르네상스 시대였어요. 사람처럼 스스로 학습할 수 있는 인공지능 시스템이 등장한 것이죠. 공학자의 보람은 자신의 연구개발 결과가 사람들의 "삶의 질"을 높이는 데 있는데, 인공지능은 이 시대 흐름에 부응하는 것으로 자연스럽게 관심을 가질 수밖에 없었어요. 이후 인공지능이 세계 최고의 체스 선수와 퀴즈 선수를 이겨서 사람들에게 더욱 큰 관심을 불러일으켰죠.

외국보다 지원이 많지 않아 어려운 점이 많으셨을 텐데 어떻게 극복하셨어요?

미국에 비교하면 100분의 1, 일본은 10분의 1에 해당하는 인력과 예산으로, 1위가 아니면 살아남지 못하는 과학기술 세계에서, 지난날 제가 제안한 연구전략은 학제 간 연구 협동과정(Multi-disciplinary Team)을 꾸리는 것이었어요. 물리학자, 생물학자, 공학자 등 여러 분야의 전문 학자들이 머리를 모으는 공동연구 전략이었죠.
다양한 분야의 권위자들이 모여 연구를 이해하고 합의점을 도출해야 했는데, 인공지능이라는 똑같은 화두는 있었지만, 각기 분야가 달라 충돌이 자주 벌어났어요. 같은 화제를 이야기하는데도 그 분야에서 쓰는 명칭이 달라 소통이 어려웠죠. 인공지능은 응용을 위해 다양한 기술을 총동원해야 하는 융합 학문이에요. 여러 분야의 학자 간 협업은 필수죠. 상대방을 이해하는 데 어려움을 느꼈지만, 5년 정도 지나니 어느 정도 극복된 것 같아요. 친구들과 팀을 짜서 다양하게 활동하면서 협업해 보는 경험이 중요해요.

인공지능 분야에서 일하면서 기억에 남는 일이 있다면 소개해 주세요.

어려운 과정을 극복하면서 인공 비서라는 결과물을 얻었어요. 인공 비서는 간단한 전화 받기, 일정 확인 등을 대신해주는 로봇이에요. 눈썹도 만들어 감정을 표현할 수 있도록 했어요. 현재는 '지니야' '클로버' 등의 이름으로 불리고 있죠. 인공지능 비서를 활용해 다양한 정보를 검색하고 이를 활용해 명령을 내리는 일이 많아진다면 더 효과적인 고객 맞춤형 서비스를 제공할 수 있으리라 기대합니다. 특히 고령의 어르신들과 이야기하고, 병간호까지 해 주는 일도 가능하니까 이 분야의 발전은 앞으로 무궁무진할 겁니다.

미래 인공지능전문가에게 선배로서 조언해 주신다면?

인공지능 전문가가 되려면 우선 열심히 공부해야 해요. 특히 수학을 잘해야 하죠. 물론 수학만으로는 안 되고 다양한 분야의 지식을 알아야 해요. 인공지능은 활용되는 분야 스펙트럼이 넓기 때문이죠. 많은 독서도 좋아요. 보통은 인공지능 하면 컴퓨터공학과를 생각하지만, 전자과로도 충분히 가능합니다. 요즘에는 인공지능 분야가 하드웨어와 함께 발전하고 있어 전자과의 장점을 살린다면 훌륭한 인공지능 전문가가 될 수 있어요. 카이스트에서 인공지능을 연구하는 대표적인 전자과 교수님으로는 신진우, 김준모, 박경수 교수님이 계세요.

소프트웨어를 아는 것도 중요해요. 프로그래밍 언어 중에 어떤 언어를 공부해야 하는지 모르겠다면, 인공지능 분야에서는 C언어보다는 파이썬(Python)이 주로 쓰이며, 대용량 데이터 처리를 위해서 스파크(SPARK) 프로그램을 해야 하는데 이때 언어는 스칼라(SCALA)가 많이 쓰입니다.

○ 인공지능 전문인력으로 일하려면 컴퓨터공학, 정보공학, 정보시스템, 데이터사이언스학과를 전공해야 유리하다.

⑤ 공학 분야별
최첨단 직업 소개

1) 전기·전자·컴퓨터 분야

사물인터넷(IoT) 전문가

매년 1월 미국에서 열리는 세계 최대 전자제품·정보기술 전시회(씨이에스, CES)에서 2019년에는 '연결성'이 화제였다. 5세대 이동통신 기술 개발이 불쏘시개 역할을 하리라 기대된다. 4차 산업혁명의 핵심으로 자리매김한 사물인터넷(IoT)은 사물과 사물, 사물과 사람 간의 다양한 정보를 스스로 수집한 후 분석, 활용하는 인터넷 시스템을 말한다. 앞으로 IoT는 한층 지능화한 스마트 환경을 제공할 것으로 기대되는데, 새로운 IoT 서비스의 기획과 비즈니스모델 개발의 필요성이 커지면서 'IoT 전문가'의 수요는 급속히 증가하고 있다.

IoT 개발자는 하드웨어 개발자와 소프트웨어 프로그램 개발자로 나뉜다. IoT 기술 범위로는 IoT 서비스, IoT 플랫폼, IoT 네트워크, IoT 디바이스, IoT 보안으로 구성된다.

> IoT 분야의 전문 인력으로 일하려면 정보통신기술(IT) 관련 역량을 기본으로 갖춰야 하기에 통신공학, 컴퓨터공학, 소프트웨어공학, 전자공학, 제어계측공학을 전공해야 유리하다.

인공지능(AI) 전문가

정통적 직업을 대체하게 된다는 전망 속에 인공지능 전문가에 이목이 쏠리고 있다. 최근에는 빅데이터 기반에서 인간의 뇌가 작동하는 방식을 적용한 인공지능으로 기술이 가속 폐달을 밟고 있다. 인공지능 전문가는 인공지능을 연구·개발하거나 프로그램으로 구현하는 기술을 개발한다. 가령, 음성을 인식하고 다른 언어로 통·번역을 해주는 소프트웨어, 자연어를 깊이 이해하고 스스로 지식을 학습해 인간처럼 판단하고 예측하는 소프트웨어, 대규모 이미지 데이터를 동시에 분석하는 프로그램 등을 개발한다.

인공지능 전문가가 되려면 수학적인 자질이 기본이지만, 기계공학, 생물학 등 관련 분야가 넓어지면서 소통과 응용력이 중요해지고 있다.

> 인공지능전문 인력으로 일하려면 컴퓨터공학, 정보공학, 정보시스템, 데이터사이언스학과에서 전공해야 유리하다.

증강현실(AR, augmented reality) 전문가

증강현실은 현실 이미지나 배경에 3차원 가상 이미지를 겹쳐 하나의 영상으로 보여주는 기술이다. 가령, 일반인들이 출입할 수 없는 비행 조종실을 증강현실로 구현하면 현실과 비슷한 체험을 할 수 있다. 증강현실 기술도 엘티이(LTE)보다 최고 20배 빠른 5G 환경이 구축되면서 크게 기대된다.

가장 먼저 대중화한 증강현실 기술은 자동차에 적용된 전방표시장치다. 지금까지는 증강현실 기술이 주로 스마트폰에 접목됐지만, 앞으로는 AR글래스라고 하는 안경으로 기술이 흡수될 것으로 전망된다.

세계적 가구업체인 이케아에서는 가구의 특성상 크기가 크고 반품에도 어려움이 따르는 불편함을 없애고자 집안 분위기와 크기가 적합하지 구매 전에 확인할 수 있도록 증강현실 기술을 도입했다. 온라인 쇼핑몰 또한 속속 증강현실 기술이 사용된다. 3D 스캔 기술을 활용해 구매자의 신체와 같은 아바타를 만들어 옷을 착용해 보고 잘 맞는지 아닌지를 확인할 수 있다.

증강현실 전문가는 영상기술과 3D 기술을 사용해 '인공의 공간 체험'을 통한 정보전달을 목표로 하는 콘텐츠를 만든다. 증강현실 전문가를 요구하는 곳은 ICT 기업, 게임회사, 공연 또는 엔터테인먼트 회사, 여행사, 방송·영상제작업체, 교육 콘텐츠 제공업체, 온라인 쇼핑업체, 마케팅 기업 등 서비스산업 전반에 걸쳐 있다. 한편 시장조사기관 가트너 사의 블라우 부사장은 "2020년이 되면 VR(가상현실)과 AR을 동시에 구현할 수 있는 기기만 남게 될" 것이라고 주장해, 증강현실과 가상 현실 기술은 통합될 것으로 보인다.

> 국내에는 정부 지원 기관(과학기술정보통신부, 문화체육관광부, 산업자원부, 노동부 산하 교육기관)에서도 AR/VR 전문 교육을 계속해서 확대해 나가고 있으며, 가상현실콘텐츠학과, 멀티미디어학과, 게임공학과 등에서도 전문가로 자리매김할 수 있다.

핀테크 전문가

핀테크란 금융(Finance)과 기술(Technology)을 결합한 신조어로, IT 기술을 활용해 혁신적인 금융서비스를 제공하는 산업을 말한다. 핀(FIN) 번호로 송금하거나 간편 지급·결제, 대출, 자산관리 서비스 등은 대표적인 핀테크 서비스로 이미 많은 사람이 애용 중이다. 홍채, 지문, 정맥, 목소리 등 생체인식정보를 활용한 핀테크 기술로 진화하는 중이다. 크라우드 펀딩, P2P(Peer to Peer) 등 금융 수요자와 공급자를 직접 연결해주는 스마트플랫폼도 빠르게 발전하고 있다.

핀테크 전문가는 프로그래머를 비롯해 인공지능 관련 로보어드바이저 전문가, 빅데이터 전문가, UX/UI 디자이너, 블록체인 전문가 등 다양한 분야와 연결돼 있다. 융합 지식, 기술, 그리고 빅데이터 분석이 요구된다.

핀테크 전문 인력으로 일하려면 정보통신기술(IT)과 금융과 관련 역량을 기본으로 갖춰야 하기에 금융 공학, 빅데이터공학, 소프트웨어공학을 전공해야 유리하다.

디지털 문화재 복원전문가

디지털 문화재 복원전문가는 3D 디지털 기술을 활용해 기존 문화재 또는 소실된 문화재를 디지털 정보로 복원·구축하는 일을 한다. 디지털 문화재 복원전문가는 문화유산을 디지털화하고, 교육 콘텐츠를 만들어 전시하면서 강연도 하며, 가상현실로 구현하기도 한다. 불국사 석굴암과 이탈리아 로마 바티칸에 있는 성바칠리아 성당 내부를 찾아가지 않고도 눈앞에서 체험할 수 있는 콘텐츠를 제작하는 일이 여기에 해당한다.

디지털 문화재 복원전문가가 되려면 역사 전반에 관한 풍부한 교양과 지식이 있어야 하며, 기술과 역사 지식을 토대로 한 통찰력이 필요하다.

디지털 문화재 복원 전문 인력으로 일하려면 문화재수리기술학, 문화재보존과학, 문화재학과에서 전공해야 유리하다.

게임 레벨 디자이너

게임 레벨 디자이너는 게임 밸런스를 조절하는 역할로 플레이어의 행동이나 콘텐츠 경험 경로를 꾸미는 일을 한다. 기획 의도에 맞게 맵을 구성하고 게임 난이도를 조절하며 콘텐츠를 배열한다. 게임 레벨 디자인 과정은 피드백, 수정, 테스트의 반복으로 이뤄진다. 새로운 맵을 만들 아이디어를 얻는 것이 디자이너의 첫 단계이다. 시작 지점, 플레이어의 동선 등 큰 틀에서 전개도를 그린 뒤 세부 에디팅을 하고 전체적인 게임 난이도 등을 짜며 이에 맞춰 콘텐츠를 배열한다. 게임을 좋아하고, 맵 디자인에 필요한 미술(예술)과 건축 관련 감각이 요구된다.

게임 레벌 디자인 전문 인력으로 일하려면 게임멀티미디어전공, 게임공학, 게임디자인학, 산업디자인학, 게임소프트웨어학과 관련 전공자에게 유리하다.
유사직업으로는 배경 아티스트가 있으며, 국가기술자격증으로는 게임기획전문가, 게임그래픽전문가, 게임프로그래밍전문가 등이 있다.

2) 건축·토목·도시 분야

스마트도로 설계자

스마트도로 설계자는 자율주행차의 효율적 운행과 안전을 지원하는 지능화된 스마트도로를 계획·설계·관리하는 일을 한다. 스마트도로는 자율주행차의 로직이 스마트 가전과는 비교할 수 없을 정도로 복잡하기에 필수적이다. 주행 중인 도로의 교통 상황이나 노면 상태, 신호등 상황 같은 기초적인 정보는 물론이고 교차로, 횡단보도, 톨게이트 출입구 램프, 펜스 등 도로 위 모든 사물의 정확한 위치를 통신망으로 파악한 후 차체의 각종 센서를 통해 습득한 정보를 통합해 빠른 속도로 처리해야 한다.

스마트도로 설계자가 되려면 도로교통 공학적 지식과 인공지능, IoT, 빅데이터 등 융합된 지식을 갖추고 있어야 한다.

> 스마트도로 설계 전문 인력으로 일하려면 교통공학, 도시교통공학, 교통시스템공학, 교통물류공학, 스마트시티공학, 소프트웨어융합학부에서 전공해야 유리하다.

스마트도시 전문가

도시 내 차량 흐름이 원활하지 않을 때 관련한 사물 상태와 주변 환경정보를 실시간으로 반영한 IoT 기술을 활용해 우회도로를 안내해준다. 이런 그림이 스마트도시의 특징이다. 스마트도시는 도시 효율성을 최대한 높여주는 거대한 컴퓨터 시스템이라고 봐도 좋다. 스마트도시 전문가는 스마트도시 구성요소를 전부 반영해 도시개발 계획을 수립하는 일을 한다.

스마트도시는 도시에 사는 사람들의 행동을 데이터화하고, 이 데이터를 분석해 시민에게 실제 필요한 맞춤형 예측 서비스와 삶의 질을 높여준다. 스마트도시를 눈치 있는 도시라고 부르는 이유다. 거주자 맞춤형 서비스에 자동차 상태, 웨어러블 기기를 통한 의료 서비스, 교육까지 모니터링해 도시 안에서 벌어지는 모든 일을 손바닥 안에서 쉽게 처리한다.

스마트도시 전문 인력으로 일하려면 도시공학, 미래도시융합공학, 건축도시시스템공학, 도시교통공학과에서 전공해야 유리하다.

해양플랜트 설계자

해양플랜트 설계자는 해양플랜트를 제작하고 전기, 유전, 가스 등 에너지를 안전하게 공급하는 데 문제없도록 돕는 일을 한다. 해양플랜트 설계 엔지니어링 분야에서 국내 굴지의 조선소인 현대중공업, 삼성중공업, 대우조선해양조차도 상세설계 능력이 부족한 실정이다. 외국 전문 설계 엔지니어링사에 전적으로 의존하는 비용만 매년 수십억 달러에 육박한다.

기름, 천연가스, 희소광물 등 심해저 자원 생산을 위한 해양플랜트 세계시장 규모가 급속도로 커져 2030년 현재의 2배가 넘는 연간 500조 원대로 예상된다고 한다. 지식경제부는 한국을 먹여 살릴 6대 미래 선도산업에 이 산업을 선정, 집중적인 기술개발을 추진하고 있다.

해양플랜트 설계 전문 인력으로 일하려면 해양플랜트건설공학, 조선해양플랜트공학, 해양플랜트운영학과에서 전공해야 유리하다.

3) 산업·안전·운송 분야

무인항공 촬영감독

무인항공 촬영감독은 소형 카메라가 장착된 무인조정 비행체인 헬리캠을 조정해 영화, 드라마, 광고의 스틸 영상이나 동영상을 촬영하는 전 과정을 기획하고 감독하는 일을 한다.

헬리캠을 이용한 실시간 항공 촬영 영상을 송수신 장치나 안경 모니터로 지켜보며 원하는 사진이나 동영상 장면이 나오도록 촬영한다. 무선 영상 송수신시스템을 통해 고화질 영상 촬영은 물론 방송사에 실시간으로 영상을 전송하는 작업을 한다.

> 무인항공 촬영감독 전문 인력으로 일하려면 영화 연출 및 촬영학, 지능기전공학, 무인기산업학, 컴퓨터통신무인기술학과에서 전공해야 유리하다.

자율주행차 개발자

자율주행차 개발자는 첨단 센서, 그래픽 기술, 3D카메라, 레이더 등 기기를 활용해 주변 상황과 교통 상황을 정확히 판단해 운전자가 조작하지 않아도 스스로 주행하는 자동차를 개발하는 일을 한다. 주행 환경 인식 센서와 고성능 컴퓨터 칩의 가격이 낮아지고 인공지능 기술이 빠른 속도로 발전한 덕분에 자율주행차 시대가 코앞으로 다가왔다. 미국고속도로교통안전국(National Highway Traffic Safety Administration, NHTSA)에서는 이미 자율주행 소프트웨어를 공식 자동차 운전자로 인정했다. 물론 '완전한 자율주행 자동차가 언제 어떤 방식으로 실현되느냐'엔 관점에 따라 크고 작은 의견 차이가 있지만 철도와 항공에서처럼 자동차에서도 자율주행은 거부할 수 없는 현실이다.

> 자율주행 개발전문 인력으로 일하려면 자율주행융합학, 로봇공학, 휴먼지능로봇공학, 로봇자동화공학, 로봇자동차부품공학과에서 전공해야 유리하다.

드론 조종사

드론 조종사는 지상에서 원격조종으로 드론을 조종하는 전문가다. 드론의 활용 범위에 따라 군용, 기업, 농업, 레저 등 5가지로 구분한다. 첫 드론은 군용 목적으로 개발됐고 이후 농약 살포, 무인경비, 항공 촬영, 측량·관측, 소방방재와 화재 진압, 보안, 소형 화물 배달 등 다양한 분야에서 활용된다.

12kg 이상의 드론을 조종하려면 자격증이 필요하고 12kg 이하의 드론은 자격증을 취득하지 않아도 국토교통부에 사업 승인만 내면 누구나 띄울 수 있다. 상업적 목적이 아닌 경우는 승인 없이 조종할 수 있다. 단, 150m 이하로 드론을 띄울 수 있으며 제한 공역에서의 비행은 금지된다.

> 드론조종 전문 인력으로 일하려면 무인항공학, 무인기산업학, 무인이동체공학과에서 전공해야 유리하다.

4) 재료·생명·환경 분야

할랄 전문가

할랄푸드는 이슬람 율법에 따르는 제품으로 이슬람교도가 먹고 쓸 수 있는 과일, 채소, 곡류 등 모든 식물성 음식과 어류, 어패류 등의 해산물, 이슬람식으로 도살된 양고기, 닭고기, 소고기 등을 일컫는다. 무슬림은 전 세계 인구의 23%를 차지하고 있으며, 인구가 계속 증가할 것으로 전망한다.

이슬람 국가에서는 할랄푸드를 넘어 화장품, 의약품을 비롯해 할랄 인증을 받아야 판매가 허락되므로 할랄 인증의 핵심 요구사항인 HAS(Halal Assurance System : 할랄보장시스템) 구축을 위한 교육과 컨설팅을 진행하며 할랄 인증 신청 대행 등의 업무를 수행할 인력이 필요하다.

> 할랄 전문가는 업무를 수행할 때 외국 업체와 의사소통을 하거나 대응하는 일이 잦기 때문에 영어 등의 어학 실력을 일정 수준을 갖추어야 하며, 이슬람의 문화적 특수성에 기반을 두고 활동하므로 다양한 문화에 대한 이해가 필수적인 직업이다.

스마트팜 구축가

스마트팜은 ICT 기술로 농작물의 생육환경과 생육량 정보를 측정하고, 분석한 결과에 따라 온도, 습도, 일조량, 이산화탄소, 물 등을 제어장치를 통해 적절한 상태로 조절하도록 만들어진 농장을 말한다. 스마트팜을 구축하려면 다양한 통신시설과 애플리케이션을 연동하는 등 하드웨어가 구축돼야 한다. 스마트팜 시스템을 지속해서 발전시킬 전문 인력과 스마트팜 설치, 운영 등과 관련된 기업체 수요도 늘어날 것으로 전망된다.

스마트팜 구축가를 위한 별도의 대학 학과는 없으나 강원대학교의 시설농업학과, 경북대학교의 생물산업기계공학전공 등 농업과 기계, 전기, 전자 등의 융합 전공을 통해 관련 내용을 배울 수 있다. 또 농촌진흥청에서는 각 도의 농업기술원을 통해 스마트 농업에 관심 있는 대학 졸업생과 졸업예정자 등을 대상으로 스마트팜 관련 인재양성을 위한 교육과정을 운영하기도 한다.

유전체 분석사

유전체 분석사는 환자 맞춤 의약품과 의료서비스 개발 등을 위해 인간 또는 동식물의 유전체로부터 염기서열 정보를 분석해 활용 가능한 데이터를 생성한다. 이를 위해 통계 소프트웨어, 데이터마이닝 등 통계기법 등을 사용해 생명 정보 데이터를 분석하고 조작한다.

정밀의학이란 환자마다 다른 유전적·환경적 요인, 질병 경력, 생활 습관 등을 사전에 인지해 약의 종류, 복용량, 복용 시간 등을 적정하게 찾아내 환자별로 최적화된 치료법을 제공하는 것을 말한다. 이를 위한 개인 유전체 분석은 인간게놈프로젝트가 완성된 2003년 이후부터 시작되었다고 볼 수 있다. 23앤미(23andMe), 파운데이션 매디슨(Foundation Medicine), 패쓰웨이 지노믹스(Pathway Genomics)는 이 분야의 대표적인 회사다. 국내에서는 테라젠이텍스, DNA링크, 제노플랜 등이 비슷한 서비스를 제공하고 있다.

유전체 분석을 위해서는 기본적으로 생물학, 컴퓨터공학 관련 기본교육이 요구된다.

한국바이오연구조합에서 유전체 분석 예비전문가 과정을 개설해 양성하고 있으며, 유전체 분석사 전문 인력으로 일하려면 유전공학, 분자유전공학, 화학생명분자과학, 유기나노공학, 바이오나노학과에서 전공해야 유리하다.

줄기세포연구원

줄기세포연구원은 줄기세포의 해석 또는 기능 연구를 통해 줄기세포를 이용한 질병 예방과 치료기술을 개발하고 신약을 개발하거나 생체재생기술 등을 연구한다. 줄기세포 연구는 암, 치매를 비롯한 난치병 치료나 신약 개발 등 적용 범위가 넓어 시장 규모가 커질 전망이다. 생명과학연구원의 근무지는 주로 한정돼 있지만, 제약회사를 비롯한 중소기업 벤처회사에서도 사내 연구소를 운영하며 R&D 기능을 강화하고 있어 줄기세포연구원의 역할은 더욱 커지리라 전망된다.

세포배양이란 특수성 탓에 당직제로 운영하는 특징이 있다.

줄기세포 전문 인력으로 일하려면 줄기세포재생공학, 시스템생명공학, 융합생명공학, 생명공학과에서 전공해야 유리하다.

오염지재개발 전문가(환경오염방지 전문가)

오염지재개발 전문가는 오염된 땅을 재사용하기 위해 정화와 복구를 계획하고 지시하는 일을 한다. 오염지 측정과 정밀조사를 수행하는 일에서부터 오염부지 정화에 관한 계획 수립, 시공업체 선정과 시공관리에 이르기까지 일련의 업무를 수행한다. 사전 예방 차원에서 오염 물질이 배출되기 전 그 물질을 제거하기 위한 공정 또는 설비 등을 개발하거나 더 나아가 오염원이 될 가능성이 있는 시설과 계획 등에 참여해 환경오염이 최대한 억제되는 방향으로 이끄는 업무를 맡는다.

> 오염지재개발 전문 인력으로 일하려면 환경공학, 화학공학, 애그로시스템공학, 건설환경도시공학, 화학환경공학과에서 전공해야 유리하다.

원전시설 해체 전문가

원전시설 해체 전문가는 원자력발전소 주변 환경이 방사능으로 오염되지 않도록 관련 기술을 이용해 해체하는 일을 한다. 방사성물질의 양을 줄이거나 방사능 폐기물의 장기저장 등과 관련된 기술을 개발한다.

국제원자력기구(IAEA)는 2040년까지 원전 400기가 해체되고, 그 시장 규모는 1,000조 원에 이를 것으로 추산한다. 원전이 수명 만료 결정을 받으면 원자로에서 핵연료를 제거하고, 오염제거 과정을 거쳐 철거작업에 돌입한다. 철거작업의 핵심은 원자로 압력용기 절단이다. 평균 두께가 30㎝인 압력용기를 수십 조각으로 잘라내야 하는데, 이 과정에서 작업자는 방사선 피폭을 피하기 어려우므로 로봇을 활용한 해체 기술연구가 진행되고 있다. 방사선의 노출을 피해 최대한 신속하고 안전하게 해체하기 위한 3D 시뮬레이터를 개발도 한창이다.

> 원전시설해체 전문 인력으로 일하려면 원자핵공학, 에너지시스템공학, 원전제어시스템공학, 원자력에너지시스템공학과에서 전공해야 유리하다.

5) 기계·금속·로봇 분야

의료용 로봇 전문가

의료용 로봇 전문가는 의료용 로봇의 구조를 설계하고, 로봇의 구동을 위한 알고리즘과 프로그램의 구조를 설계·작성하며 로봇에 탑재하는 일을 한다.

의료용 로봇 전문가를 세분화하면, 로봇시스템 개발 분야와 직무 분야별로 구분할 수 있다. 의료용 로봇시스템의 연구개발 분야는 크게 네 가지로 나뉜다. 수술실에서 집도의 명령에 따라 수술을 보조하는 수술 보조 로봇, 수술 과정 전체 또는 일부를 의사를 대신하거나 의사와 함께 수술하는 수술 로봇, MRI·CT 등 의료 영상과 햅틱 장치 등을 이용한 수술 시뮬레이터, 장애인과 노년층의 독립적인 활동을 가능하게 하는 재활 로봇 분야, 이밖에 마이크로 의료로봇, 나노봇 등이 있다.

> 의료용로봇전문 인력으로 일하려면 로봇공학, 의공학, 의료IT공학, 의용생체공학, 의용메카트로닉스공학과에서 전공해야 유리하다.

로봇시스템통합(SI) 전문가

로봇시스템통합(SI)은 산업현장에 필요한 로봇의 선택, 응용프로그램 설계, 현장에 최적화하거나 통합하는 것을 지원하는 일이다. 생산 라인에 다양한 브랜드의 로봇 자동화 시스템이 들어오고 IoT, 클라우드, 인공지능 시스템 등과 연결되면서 복잡도가 높아지고 있어 전문적으로 이들 시스템을 통합하는 전문가가 더욱더 필요해지고 있다.

로봇SI 전문 인력으로 일하려면 로봇공학, 기계로봇에너지공학, 지능로봇공학, 휴먼지능로봇공학, 전자로봇공학과에서 전공해야 유리하다.

스마트팩토리 설계자

스마트팩토리 설계자는 그야말로 똑똑한 공장을 설계하는 일을 한다. 똑똑한 공장이란 공장 특성, 제품, 공정 등을 고려해 ICT, 인공지능, IoT 등 스마트 기술 적용을 통해 공장 상황을 분석하고, 이를 토대로 공장 스스로 공정을 연계하고 제어한다. 스마트팩토리는 과거부터 있던 공장자동화(factory automation)의 연장 선상에 있는 개념이다. 생산시설을 무인화하고 관리를 자동화한다는 공통점이 있다.

과거 공장 자동화는 단위 공정별로만 최적화가 이뤄져 전체 공정에서 유기적이라고 볼 수는 없었다. 스마트팩토리는 전후 공정 사이에서 데이터를 자유롭게 연계할 수 있어 총체적인 관점에서 최적화를 이룬다. 공장 내 다양한 객체들이 IoT으로 연결돼 자율적으로 데이터를 연결, 수집, 분석하고, 이를 기반으로 능동적 의사결정이 실시간으로 이행되는 제조 운영 환경이다. 스마트팩토리는 다품종 복합 생산에 적합한 유연성을 갖는 제조 시스템을 구현하는 기반이 된다.

스마트팩토리 설계전문 인력으로 일하려면 로봇공학, 로봇자동화공학, 제어자동화공학, 메카트로닉스학, 휴먼지능로봇공학과에서 전공해야 유리하다.

홈팩토리마스터

홈팩토리마스터는 3D 프린팅 기술을 활용한 디지털 콘텐츠 생산과 그 유통을 전문적으로 담당한다. 3D 프린팅 기술을 이용해 제품을 개발하고 마케팅을 하는 등 1인 제조업 창업가라고 할 수 있다.

3D 프린팅을 통한 개인의 가정 내 제품 생산 활동인 '메이커 무브먼트(Maker Movement)'가 유행하고, 이 물결에 따라 세상과 소통하고 아이디어를 출력해 판매하는 셀-메이커(sell-maker)로 활동한다.

> 홈팩토리마스터 전문 인력으로 일하려면 스마트융합학, 3D설계전공, 기계설계공학, 메카트로닉스공학과에서 전공해야 유리하다.

6) 화학·고분자·에너지 분야

3D 프린팅 소재 개발자

3D 프린팅 소재 개발자는 3D 프린팅 제품의 쓰임에 따라 제품 특성과 강도를 분석해 여러 재료를 조합하거나 장비에 맞는 새로운 재료를 개발하는 역할을 한다. 3D프린터 제조기업인 스트라시스(Stratasys)가 3D 프린팅 소재 수요를 조사한 보고서에 따르면 전체 응답자의 84%가 차세대 소재로 금속을, 그다음으로 고무 성질 소재, 고온에서 견디는 플라스틱, 탄소섬유 등을 희망하고 있다. 다만 산업별 선호도는 조금씩 달랐다. 우주 항공, 자동차 분야의 응답자들은 탄소섬유에, 의료 업계에서는 바이오 소재에 더 큰 관심을 보인 것. 다국적 기업들은 니켈(Ni)계 초합금, 타이타늄(Ti) 합금을 중심으로 한 금속 소재 연구와 뼈·피부 같은 생체 물질, 기존 세라믹 소재보다 강력한 3D 프린팅 세라믹 소재, CNT/그래핀 등 다양한 소재에 관한 연구개발과 제품 개발을 이어가고 있다.

> 3D 프린팅 소재 개발자 전문 인력으로 일하려면 신소재공학, 재료공학, 유기재료고분자공학, 나노신소재공학, 나노고분자재료공학과에서 전공해야 유리하다.

적정기술 전문가

적정기술(Appropriate Technology)이란 적당한 또는 알맞은 기술이라는 뜻이다. 주로 개발도상국의 문화, 정치, 환경적 측면을 고려해, 삶의 질을 높이고 빈곤 퇴치 등을 위해 적용되는 기술을 통칭한다. 적정기술 전문가는 적정기술을 연구하거나 교육하고 컨설팅한다. 국제 원조 분야나 국내 마을 만들기, 도시재생사업 등에 참여해 에너지를 생산하거나 효율을 높이는 등 국내 자립형 적정기술 분야에서 일한다.

낮에 태양광으로 전기를 생산하고 생산된 전기로 밤에 LED 전등을 사용할 수 있는 태양광 전등 딜라이트(d.light), 전기 없이 농수산물을 신선하게 보관하고 저장하게 해주는 아프리카식 항아리 냉장고 팟인팟 쿨러(Pot-in-Pot Cooler), 흙 부대로 집을 짓는 건축법, 햇빛으로 공간을 데우는 난방시설인 햇빛온풍기, 빗물을 농업용수와 생활용수로 활용하는 빗물저금통, 소형풍력장치, 계곡물을 이용해서 발전하는 소수력발전장치, 인간의 동력을 전기로 바꾸는 자전거 발전기, 콩기름으로 디젤을 만드는 바이오디젤 등은 적정기술의 대표 사례.

적정기술 전문가에게는 자연과학의 기본 지식. 기계와 다양한 재료의 특성, 컴퓨터를 활용한 설계, 목공·철공·전기에 관한 지식, 간단한 목공이나 용접을 포함한 철 다루는 기술, 전기 관련 기술 등이 있으면 유리하다. 지역 상황에 알맞은 기술을 적용하게 하는 유연성, 폭넓은 기술과 삶에 관한 이해, 지역주민 등 이해당사자와 문제를 협의하고 조율하는 능력이 필요하다.

> 적정기술 전문 인력으로 일하려면 ICT창업학, 공간환경시스템학, 창업지식재산학과, 기술융합공학과에서 전공해야 유리하다.

스마트의류 개발자

스마트의류 개발자는 의류에 디지털 센서, 초소형 컴퓨터 칩을 부착하는 등 디지털화한 의류를 개발한다. 외부자극을 감지하고 반응하는 형태의 의류에서부터 넓게는 의류에 미래 일상생활에 필요한 각종 디지털 기능을 통합한 첨단의류를 개발한다. 스마트의류는 웨어러블 시계처럼 웨어러블 디바이스(몸에 착용하는 정보통신 기기)

의 한 종류라고 볼 수 있다. 기존 웨어러블 시계가 가진 일반적인 시계 기능에 사용자의 운동량을 확인하는 기능, 스마트폰과 연결해 문자·이메일·전화·소셜미디어 알림을 전달받는 기능까지 갖춰 그 활용도는 더 커질 전망이다.

혁신적인 아이디어를 위한 창의력, 소비자 성향을 잘 파악하고 사회변화의 흐름을 읽어낼 수 있는 분석력과 통찰력을 갖춰야 일에 적합하다.

> 스마트의류 개발 전문 인력으로 일하려면 아트&테크놀로지전공, 컴퓨터시스템공학, 전기전자공학, 반도체공학유전공학과에서 전공해야 유리하다.

칩 리싸이클링 전문가

칩 리싸이클링 전문가는 폐기돼 재활용되는 칩이나 인쇄회로 기판, 폐전기·전자제품 등을 거래할 때 칩을 재사용할 수 있는지 검사한다. 또 재활용 대상이 되는 부품에 함유된 유기금속의 가치를 조사·평가하거나 폐기물 분해와 재활용 뒤 나오는 수은, 납 등 유독물질을 안전하게 폐기하는 역할도 담당한다.

우리나라에서 매년 재생 가능한 전자제품 1,200톤가량이 재활용 절차를 거치지 않고 폐기되는 것으로 조사됐다. 이 폐기물은 환경오염과 경제적 손실을 초래한다는 인식이 널리 퍼지며 폐기물처리 문제가 관심사로 대두됐다. 외국에선 테크놀로지 리사이클러(Technology Recycler)라는 이름으로 불린다.

> 칩 리싸이클링 전문 인력으로 일하려면 재료융합공학, 금속신소재공학, 나소신소재공학, 물리반도체과학, 반도체장비공학, 반도체과학기술학과에서 전공해야 유리하다.

사이버포렌식 전문가

사이버포렌식 전문가는 사이버범죄 확보를 위해 디지털기기를 복구·분석해 법정증거로 제출하기 위한 보고서를 작성한다. 분석과 절차 등을 법정에서 증언하기도 한다. 기업에서는 기밀 노출 등 사이버범죄 예방을 위한 활동과 관련 감사 업무를 하기도 한다.

포렌식의 5가지 원칙은 정당성의 원칙(증거가 적법한 절차에서 수집되었는가?), 무결성의 원칙(증거가 수집, 이송, 분석, 법정 제출과정에서 위·변조가 되지 않았는가?), 연결 보관성의 원칙(수집, 이동, 보관, 분석, 법정 제출의 각 단계에서 증거가 명확히 관리되었는가?), 신속성의 원칙(디지털 포렌식의 전 과정이 신속하게 진행되었는가?), 재현의 원칙(같은 조건, 같은 상황에서 항상 결과가 같은가?)를 만족해야 증거로서 효과가 발휘된다.

사이버포렌식 전문 인력으로 일하려면 정보보안학, 융합정보보안전공, 경찰정보보안학, 정보보안암호수학과에서 전공해야 유리하다.

기후변화 전문가

기후변화 전문가는 온실가스 배출량을 줄이고자 배출량 측정 시스템을 개발하고, 기후변화나 에너지 문제에 관해 기업의 전략 수립에 도움 주는 일을 한다.

환경 문제와 관련한 국제 흐름을 분석하고 대응하는 능력, 정책 개발 능력이 요구된다. 기후변화는 다양한 분야에 걸쳐 있으므로 통합 시식과 넓은 안목이 있으면 유리하다. 이를 위해 정부 부처인 환경부에서는 '기후변화 특성화 대학원'을 지정해 온실가스 감축 정책, 영향 평가와 적응 대책, 온실가스 배출통계 등의 전문가를 육성하고 있다.

기후변화 전문 인력으로 일하려면 환경공학, 천문기상학과에서 전공해야 유리하다.

이산화탄소 포집 연구원(온실가스 감축 기술자)

이산화탄소 포집 연구원은 화석연료가 연소할 때 배출되는 이산화탄소의 포집 기술을 연구하고 개발한다. 수송·저장 기술자는 낮은 비용으로 핵심인 수송과 저장 기술을 개발하는 전문가와 산업체에서 설계·시공·운전을 맡아 하는 기술자로 나눌 수 있다. 한편, 전환·활용기술자는 이산화탄소를 이용해 화학·생물학적인 방법으로 바이오 연료, 고분자, 무기물질 등 유용한 유·무기 자원으로 전환하는 일을 한다.

이산화탄소 포집과 저장 기술(CCS, Carbon Capture and Storage)과 관련해서는 발전소나 제철소 등에서 포집한 대규모 이산화탄소를 압축 등 전처리를 거쳐 해양퇴적층으로 수송해 환경친화적으로 안전하게 저장하는 기술이 활발히 연구·개발 중이다.

CCS 분야에서 포집 분야는 화공이나 기계공학, 수송·저장 분야는 기계나 조선해양공학, 플랜트와 저장 분야는 지질학과나 석유탐사 같은 분야로 나눌 수 있으므로 관련 전공을 선택하면 된다.

이산화탄소 포집 전문 인력으로 일하려면 화학공학, 건설환경플랜트전공, 해양플랜트건설공학, 조선해양플랜트공학과에서 전공해야 유리하다.

에너지 절감 시설원(또는 그린빌딩 인증평가 전문가)

    기초생활보장 수급자의 주택을 중심으로 벽체 균열 보강, 창문과 문 교체, 바람막이 설치, 보일러 교체, 난방시스템 점검 또는 전기 관련 테스트 등 단순 집수리가 아닌 주택에너지 효율화와 관련해 집 전체를 개축하는 일을 한다. 건물이나 주택의 에너지 효율성을 평가하고 에너지 효율성을 어떻게 높일 수 있는지 조언하며, 기밀화, 막이 공사, 누수 방지, 유리 교체, 벽이나 바닥 단열과 통풍, 난방시스템 수리·교체 등을 주업무로 한다.

에너지절감 시설전문 인력으로 일하려면 환경에너지공학, 화학에너지공학, 에너지환경공학, 에너지IoT전공, 그린에너지공학과에서 전공해야 유리하다.

2
유망 직업 낙점, 특성화고등학교와 특성화 학과

1 특성화고등학교

특성화고등학교의 대표 격인 마이스터고는 취업이 유망한 분야의 산업과 연계해 전문 인재를 양성하는 전문계 고등학교다. 마이스터고에서 제공하는 전문 교과 과정, 진로 교육, 그리고 현장체험들은 매우 좋은 편이라 재학생 만족도가 높다. 시설이나 환경 등 교육 여건 또한 우수하다고 평가받는다.

마이스터고등학교는 기계, 뉴미디어 콘텐츠, 모바일, 바이오산업, 반도체 장비, 에너지, 의료기기, 자동차, 전자, 조선, 철강, 항공, 항만물류, 해양, 로봇, 친환경 농축산, 석유화학, 어업 및 수산물가공, 말 산업, 해외건설·플랜트, 조선·해양 플랜트, 소프트웨어, 식품 등의 산업 분야에서 학교를 지정해 운영하는데, 공학 계열 고등학교는 다음과 같다.

기계 분야	부산기계공업고등학교, 동아마이스터고등학교, 울산마이스터고등학교, 평택기계공업고등학교, 군산기계공업고등학교, 전북기계공업고등학교, 경북기계공업고등학교, 광주자동화설비고등학교, 금오공업고등학교 등
뉴미디어 콘텐츠 분야	미림여자정보과학고등학교가, 모바일 분야 금오공업고등학교
바이오산업 분야	한국바이오마이스터고등학교, 반도체 장비 분야 충북반도체고등학교 에너지 분야 수도전기공업고등학교, 울산에너지고등학교, 삼척마이스터고등학교, 한국원자력마이스터고등학교, 충북에너지고등학교
전자 분야	경북기계공업고등학교, 공주마이스터고등학교, 금오공업고등학교, 인천전자마이스터고등학교, 동아마이스터고등학교, 구미전자공업고등학교, 수원하이텍고등학교 등
항공 분야	공군항공과학고등학교, 삼천포공업고등학교
로봇 분야	서울로봇고등학교, 경남고등학교 등
소프트웨어 분야	대덕소프트웨어마이스터고등학교, 달성정보고등학교, 광주소프트웨어마이스터고등학교 등

o 교육부, 한국IBM, 세명컴퓨터고등학교, 경기과학기술대학교가 협력해 STEM(과학, 기술, 공학, 수학) 기반의 국내 최초 P-TECH 학교 '서울 뉴칼라 스쿨'을 설립한다. P-TECH 학생들은 세명컴퓨터고등학교에서 3년, 경기과학기술대학교에서 2년 동안 새롭게 개설될 '인공지능소프트웨어과'에서 고등학교, 전문대 통합교육을 받는다. 2019년 3월 개교 예정으로 2개 반에 총 52명을 선발한다. 선발된 학생들은 학문, 전문기술 역량뿐만 아니라 협업, 커뮤니케이션, 문제 해결 능력 등 실무역량을 갖출 수 있도록 구성된 교육과정에 따라 공부한다.

마이스터고와는 약간 다른 유형으로 '산학 일체형 도제학교'가 있다. 산학 일체형 도제학교는 독일·스위스의 도제식 현장교육을 우리나라에 맞게 변형한 것으로 일과 학습을 같이하는 학습 병행제도다. 고등학교에 재학하지만, 기업에서 직접 NCS* 실무를 경험함으로써 직무 능력을 개발하고 앞으로의 진로 설정에 도움을 준다.

산학 일체형 도제학교가 특성화고나 마이스터고와 다른 점은 무엇일까? 산학 일체형 도제학교는 특성화고 내에서 산학연계가 가장 적합한 학과를 선정해서 운영한다. 이름은 '학교'지만, 특별한 교육방식을 특정 학과에 적용한 형태로 보면 된다.

산학 일체형 도제학교로 선정되면 현장에서의 직업교육은 물론 학교 정규 교육도 한다. 이때 선발된 학생은 단순한 학생이 아니라 학습하는 근로자가 된다. 학습 근로자는 약 2년 동안 교육을 받는데 학교에서는 이론과 기초교육을 하고, 기업에서는 현장 교사에게 현장 교육훈련을 이수한다. 산학 일체형 도제학교의 특징은 마이스터고와 특성화고 교육과정과 비교해 현장 실무 교육에 중점을 둔 것이다.

기업과 학교가 함께하는 산학 일체형 도제학교는 기업에 필요한 인재를 키우고 학교는 학생들 적성에 따라 역량을 발휘할 곳에 취업할 수 있게 하는 장점이 있다. 또 NCS를 바탕으로 만든 훈련프로그램으로 기술을 체계적으로 배울 수 있다. 취업 맞춤 특기병 제도는 관련 분야의 기술 특기병으로 복무하게 하거나, 산업기능 요원 병역특례 혜택을 준다.

• NCS(국가직무능력표준): 산업현장에서 직무를 수행하기 위해 요구되는 지식, 기술 등의 내용을 국가가 체계화한 표준

② 공학 계열 대학의
특성화 학과

특성화 학과는 대학별 간판 학과로도 불린다. 대학들이 치열한 입시경쟁에서 인재를 모으기 위해 적극적으로 지원하고 특화한 커리큘럼을 구성한 터라, 이들 학과를 졸업하면 높은 경쟁력을 획득할 수 있다. 취업난에서도 비교적 벗어난 편이다.

이들 학과의 주요 특징, 교육 내용, 지원제도, 졸업 후 진로는 다음과 같다.

취업이 잘 되는 특성화 학과(계약학과)

중분류	특성화 학과
전기·전자·컴퓨터	경북대 모바일공학과, 성균관대 반도체시스템학과, 성균관대 소프트웨어학과, 숙명여대 IT공학전공, 숭실대 융합특성화자유전공학부, 한양대 에리카 ICT융합학부, 한양대 에리카 나노광전자학과, 경희대 정보디스플레이학과, 경희대 전자전파공학과, 서울과학기술대 글로벌융합산업공학과(IT Management전공), 단국대 모바일시스템공학전공, 고려대 사이버국방학과, 서울여대 정보보호학과, 서울여대 소프트웨어융합학과, 아주대 사이버보안학과, 아주대 소프트웨어학과, 포항공대 창의IT융합공학과, 중앙대 소프트웨어전공, 한양대 소프트웨어전공, 건국대 스마트ICT융합공학과, 경희대 소프트웨어융합학과, 성신여대 융합보안공학과, 서강대 아트&테크놀로지전공
산업·안전	건국대 스마트운행체공학과, 영남대 항공운항계열, 한양대 미래자동차공학과, 호남대 미래자동차공학부, 국민대 자동차공학과
재료·생명·환경	건국대 화장품공학과, 건국대 줄기세포공학과, 건국대 의·생명 공학과, 동국대 바이오환경과학과, 숙명여대 생명시스템학부, 성신여대 바이오식품공학과, 국민대 발효융합학과, 한양대 에리카 분자생명과학과, 가천대 바이오나노학과, 성균관대 글로벌바이오메디컬엔지니어링학과, 동국대 의·생명과학과
기계·금속·로봇	이화여대 휴먼기계바이오공학부, 광운대 로봇학부, 서울과학기술대 글로벌융합산업공학과(MSDE전공)
화학·고분자·에너지	한양대 에너지공학과, 중앙대 에너지공학과, 건국대 미래 에너지공학과, 성신여대 청정융합에너지공학과, 인하대 에너지자원공학과, 덕성여대 Pre-Pharm Med전공, 단국대 파이버시스템공학과

가) 전기·전자·컴퓨터 관련 분야

중분류	대학 및 학과	주요 특징/교육 내용/지원/졸업 후 진로
전기 전자 컴퓨터	건국대 스마트ICT융합 공학과	- 항공우주, 자동차, ICT 관련 기관 및 기업 등 향후 산업 수요가 예상되는 미래 신기술 분야, 정부의 정책적 지원 분야와 관련된 학과 - 학사제도 : 4+1 학·석사 통합과정 : 고급인력 수요에 맞춤 전문인력 배출 목표, 5년에 석사학위까지 취득 - 3+1 채용연계 학년제 : 기업과 연계해 현장에 기반을 둔 교육 시행하고 채용까지 연계
	경희대 정보디스플레이학과	- 정보디스플레이 : 물리, 화학, 재료공학 등 다양한 학문의 유기적인 결합으로 생성된 새로운 학문 분야로 기초 학문과 산업체에 활용하는 응용학문 동시 교육 - 현장실습과 국내 기업체 및 해외 대학 연수 등 인턴십 활동을 통한 현장 중심 교육, 외국대학과 공동강좌 및 외국인 영어강좌 등 국제화 교육 실천 - 대기업 및 중소기업 특강을 통해 현장실무 교육 기회 제공 - 복수 학위제를 도입, 단기간에 프랑스 일류대학 에콜폴리텍 & 경희대 석사 학위 동시 취득 가능
	동국대 NIT (반도체과학과, 컴퓨터정보통신 공학부)	- 학부 및 일반대학원 관련 학과와 교내 연구기관인 나노정보과학기술원과 연계, NIT최고연구그룹 구성 - IT/NT 융합 교육 프로그램 개발, 학·석사 과정을 연계, 고급 전문인력 양성, 우수 연구전담인력 확보 : 산학연 클러스터 및 글로벌 네트워크 형성 - 신기능반도체 재료, 통신부품 설계, 시스템 직접회로 설계, 반도체 공정(나노테크놀로지) 등 대학원 과정으로 반도체업체에서는 소자 및 제조공정의 개발 엔지니어 또는 집적회로 설계 엔지니어로 활동 - 전자, 특히 하드웨어를 다루는 시스템, 초고주파 통신 분야에서 개발 엔지니어

나) 산업·안전 관련 분야

중분류	대학 및 학과	주요 특징/교육 내용/지원/졸업 후 진로

산업·안전	건국대
	스마트운행체공학과
		- 드론, 무인자동차 등 향후 산업 수요가 증가하리라
		  예상되는 미래 신기술 분야나 정부의 정책적 지원 분야와
		  관련된 학과
		
		- 학사제도 : 4+1 학·석사 통합과정 : 고급인력 수요에 맞춤
		  전문인력 배출 목표, 5년에 석사학위까지 취득
		
		- 3+1 채용연계 학년제 : 기업과 연계해 현장에 기반을 둔
		  교육 시행, 채용으로 연계
		
		- 4+1 과정 선택 시 석사 과정 수업료 전액 면제,
		  현장실습(인턴십) 학점 인정제 이수자 장학금 지급

	한서대
	항공운항학과
		- 국내 최초 대학 자체 비행장 보유, 비행교육원 등
		  항공교육시설 통해 항공 특성화 교육 시행
		
		- AAPC 과정: 한서대-아시아나항공 조종사 양성
		  연계과정: 아시아나 항공 입사
		
		- ABPC 과정: 한서대-에어부산 조종 인턴 연계 연계과정:
		  에어부산 입사
		
		- FIC 과정(교관과정):
		  아시아나항공/대한항공/저비용항공사 입사과정

	국민대
	자동차공학과
		- 1992년 첨단 자동차 산업 육성을 위한 특성화 학과로
		  설립, 전문 기술인 양성을 위해 전반적인 기초 학문을
		  바탕으로 기계적인 시스템 설계에서부터 전자, 컴퓨터
		  등의 기술을 이용한 제어기 설계까지 교육
		
		- 2014년부터 자동차융합대학으로 독립 단과대학으로
		  분리돼 더욱 특화된 교육 시행
		
		- 설계/실험·실습 교과목에서는 자동차를 직접 분해하고
		  조립하는 자동차 기능 실습능력까지 겸비한 엔진,
		  섀시(차대), 차체, 전기·전자, 정보통신 등 자동차 전 분야
		  자동차 전문 기능인 배출에 목적을 두고 있음.
		
		- 현대자동차 계약학과로 매년 20명 선발해 월 100만 원
		  학업 장려금을 받으며 졸업 후 현대차그룹 입사 보장

다) 재료·생명·환경 관련 분야

중분류	대학 및 학과	주요 특징/교육 내용/지원/졸업 후 진로
재료 생명 환경	한양대 에리카 분자생명과학과	- 분자생명과학과는 지역혁신 클러스터로서 체계적인 교육과 산업체의 요구에 맞는 실무인력으로 양성하기 위한 프로그램들을 개설 - 산학 협력 인프라 구축, 실험·실습, 산업체 교육훈련 등을 지원하며, LINC사업의 차세대 유전체 특성화 학과로 지정
	건국대 줄기세포재생 공학과	- 딥헬스, 신약 개발플랫폼 등 향후 산업 수요가 증가하리라 예상되는 미래 신기술 분야나 정부의 정책적 지원 분야와 관련된 학과 - 화장품 산업 실무 특화프로그램, 웨어러블 디바이스 중심으로 한 SW융합 분야 특화프로그램 운영 - 학사제도 : 4+1 학·석사 통합과정 : 고급인력 수요에 맞춤 전문인력 배출 목표, 5년에 석사학위까지 취득 - 3+1 채용연계 학년제 : 기업과 연계해 현장에 기반을 둔 교육 시행하고 채용까지 연계 - 4+1 과정 선택 시 석사 과정 수업료 전액 면제, 현장실습(인턴십) 학점 인정제 이수자 장학금 지급
	국민대 발효융합학과	- KMU1010발전전략과 연계된 국민대학교 신성장동력으로서 2010학년도 신설 - 바이오발효융합학과 커리큘럼 : 첨단 바이오융합산업과 녹색산업 이끌어갈 국가적 전문인력 양성 목표, 나노 기술 및 정보기술과 연계된 전공 과정과 이수 과정 구성 - 산학·연 협동연구과정 정규교과목 채택 학생들로 해금 조기에 바이오 융합 전공 분야의 사업가 및 전문가로서 소양 달성 실무 교육과정도 편성 - 바이오 및 의약 산업, 건강기능성 바이오소재 산업, 식품제조산업 및 웰빙푸드 신업 등의 전문인력 - 한국생명 공학연구원과 한국식품개발연구원, 한국식품의약품안전청 등과 같은 국가연구기관의 전문연구인력

라) 금속·기계·로봇 관련 분야

중분류	대학 및 학과	주요 특징/교육 내용/지원/졸업 후 진로
기계 금속 로봇	광운대 로봇학부	- 분자생명과학과는 지역혁신 클러스터로서 체계적인 교육과 산업체의 요구에 맞는 실무인력으로 양성하기 위한 프로그램들을 개설 - 산학 협력 인프라 구축, 실험·실습, 산업체 교육훈련 등을 지원하며, LINC사업의 차세대 유전체 특성화 학과로 지정
	국민대 기계시스템공학부	- 딥헬스, 신약 개발플랫폼 등 향후 산업 수요가 증가하리라 예상되는 미래 신기술 분야나 정부의 정책적 지원 분야와 관련된 학과 - 화장품 산업 실무 특화프로그램, 웨어러블 디바이스 중심으로 한 SW융합분야 특화프로그램 운영 - 학사제도 : 4+1 학·석사 통합과정 : 고급인력 수요에 맞춤 전문인력 배출 목표, 5년에 석사학위까지 취득 - 3+1 채용연계 학년제 : 기업과 연계해 현장에 기반을 둔 교육 시행하고 채용까지 연계 - 4+1 과정 선택 시 석사 과정 수업료 전액 면제, 현장실습(인턴십) 학점 인정제 이수자 장학금 지급
	서울과기대 글로벌융합 산업공학과 (IT Management 전공)	- ITM(Information Technology Management) IT에 대한 지식과 경영 마인드 모두 갖춘 미래의 글로벌 IT 리더 양성 목표 - 영국 Northumbria 대학과 교육과정 공유, 국내에서 정규 교육과정 수료 시 국내 학위와 영국 학위 동시취득 - 폭넓은 인턴 기회를 위해 국내외 유수의 대기업 및 연구소와 강의 및 연구 교류 - 모든 학생에게 Northumbria 대학교 수업 참관: 영국 유학 생활 경험할 기회 제공(항공료와 숙박비 전액 지원) - 미국 Rose-Hulam 대학 학생들과 공동 프로젝트 진행
	국민대 발효융합학과	- MSDE(Manufacturing Systems and Design Engineering : 생산시스템 및 설계공학) 전공 - 서울과기대와 영국 Northumbria대학교가 함께 운영하는 복수학위 프로그램으로 국내 학위와 영국 학위 동시에 취득 - 국제적 기준에 맞도록 설계된 교육과정, 모든 강의 영어 진행 : 공학적 지식의 학습은 물론 영어 능력 향상 가능 - 자동차, 조선, 항공 및 철도차량 관련 기업, 반도체 관련 기업, 정밀가공 및 측정 관련 기업, 건설 및 중장비 관련 기업, 기술평가 및 투자 관련 기업

마) 화학·고분자·에너지 관련 분야

중분류	대학 및 학과	주요 특징/교육 내용/지원/졸업 후 진로
화학 고분자 에너지	건국대 미래 에너지공학과	- 신재생에너지, 항공우주, 자동차 등 향후 산업 수요가 증가하리라 예상되는 미래 신기술 분야나 정부의 정책적 지원 분야와 관련된 학과 - 학사제도 : 4+1 학·석사 통합과정 : 고급인력 수요에 맞춤 전문인력 배출 목표, 5년에 석사학위까지 취득 - 3+1 채용연계 학년제 : 기업과 연계해 현장에 기반을 둔 교육 시행하고 채용까지 연계 - 장학제도 : 신입생 전원 입학금 면제, 최초 합격자는 학기 중 매월 30만 원 학업장려비 지급, 수시 최초 합격자 입학 후 1년간 수업료 50% 면제, 정시 최초 합격자 입학 후 2년간 수업료 50% 면제, 4+1 과정 선택 시 석사 과정 수업료 전액 면제, 현장실습(인턴십) 학점 인정제 이수자 장학금 지급
	중앙대 에너지시스템공학과	- 에너지시스템공학부: 에너지시스템 엔지니어링에 관련한 다양한 공학 분야의 융복합 교육 통한 에너지와 전력산업의 글로벌 리더형 인재 양성 교육 목표 - 다양한 에너지 이용 분야의 산업체 진출과 연구개발, 엔지니어링 기술 개발 등을 수행할 수 있도록 교육체계 구성 - 원자력 전공/발전기계 전공/발전전기 전공 3분야의 전공 체계 - 발전 및 전력설비의 설계, 제작, 건설과 관련한 플랜트시스템 엔지니어링 기업, 발전 및 에너지 플랜트 건설기업, 기자재 제작 중공업 기업, 열 및 전기 에너지의 이용과 관련되는 제조기업
	한양대 에너지공학과	- 그린 에너지 및 지구온난화 대응 융합기술 프로그램을 바탕으로 지구와 인간의 미래를 밝힐 에너지 분야 글로벌 리더 양성 - 소수 정예의 특색을 살려 교수와 학생 비율을 1:10으로 운영하며, 연구 중심의 커리큘럼을 운영 – 수시/정시 합격자 전원 4년 전액 장학금 지급(장학금 지급 학점 유지 조건: 직전 학기 성적 3.5 이상) - 산학협력기업 취업 연계/본교 동일계열 석박사통합과정 진학 시 장학생 우선 선발/3·4학년 재학 중 연구 활동비 지급/해외 공동연구 프로그램 참여 보장

Part

5

공학 계열
진학 인포 :
완벽한 입시를 위한

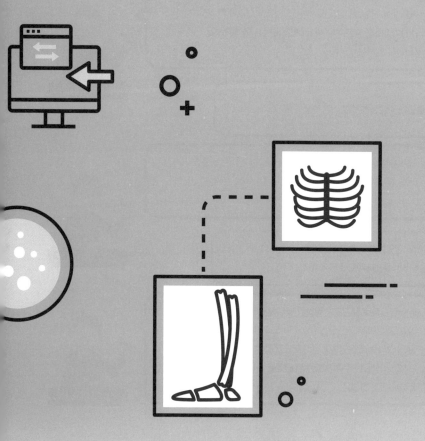

의료공학과 교수 인터뷰

안녕하세요? 교수님^^
의료공학과에는 어떤 관심이 있는 학생이 들어가면 좋을까요?

의료기기 제작은 생명을 다루는 일이므로 개인적으로는 사람을 귀하게 여기는 마음을 가진 사람이 입학했으면 하는 바람이 있습니다.

의료공학과 P교수

의료공학과에 입학해서 공부를 잘하려면 중고등학교 때 어떤 교과목을 집중적으로 공부하면 좋을까요?

수학이 제일 중요해요. 학생들이 보통 수학을 매우 어려워하는데 수학은 논리적인 생각과 컴퓨터적인 사고력을 키워주는 좋은 과목이에요. 그 외에 생물이나 물리, 윤리도 생명을 다루는 직업이니 중요합니다.

의료공학과 P교수

의료공학과만이 가진 특징이나 강점은 무엇인지요?

우리 학과의 장점은 의료기기를 제작하는 과정이 있다는 것입니다. 이를 응용해 발표할 기회도 있어요. 의학 지식과 수학, 과학 지식의 융합이 필요한 부분이라 매우 어렵지만 동시에 흥미로운 프로젝트입니다.

의료공학과 P교수

의료공학과를 졸업한 학생들은 주로 어떤 직업을 갖나요?

학과 자체가 융합 학문으로 이루어져 다양한 분야로 진출할 기회가 있습니다. 의료기 산업, 의료 보건 연구기관, 의료 전기분야 등이 있습니다.

의료공학과 P교수

앞으로 의료공학과 전망을 어떻게 보시는지요? 그리고 이 학과를 전공하려는 학생에게도 조언을 해주신다면요?

앞으로는 의료, 보건복지 분야가 매우 중요해질 거예요. 우리나라도 이미 고령사회로 진입했잖아요. 아마도 의료공학이 차세대 유망산업이 될 거 같아요. 전문인력이 많이 필요할 겁니다. 의료공학과에 흥미를 느끼는 학생들은 수학에 조금 더 관심을 기울이고 생물과 물리 과목도 공부하면 좋겠네요.

의료공학과 P교수

1
공학 계열
진학 로드맵

1

공학 계열의 현재와 미래
인포그래픽

선생님, 제가 공학 계열로 진로를 선택하기는 했는데, 어떻게
준비해야 관련 전공으로 진학해서 공부하는지 잘 모르겠어요.
도와주세요.

공학 계열로 진로를 결정했구나. 축하해.
우리 진진이의 진학에 대해 선생님이랑 같이 알아볼까?
먼저 공학 계열의 구성과 분류를 잠깐 알아보자.

표준분류 대계열 학과 현황

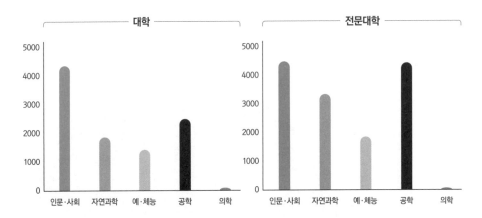

출처: 대학알리미(http://www.academyinfo.go.kr)

위 표에 나오듯이 전국 대학과 전문대학에는 인문사회 계열 다음으로 공학 계열 학과가 많은 것을 알 수 있다. 최근 프라임, 산학협력사업, 주문식 교육 등으로 공학 계열 학과가 늘어나는 추세여서 인문사회 계열을 앞서리라 예상된다.

한편, 취업률에서도 공학 계열이 인문사회 계열보다 월등히 높다. 일반대학과 비교해서 전문대학의 공학 관련 학과의 취업률이 훨씬 높은데, 전문대학 과정이 실제 업무에 바로 사용되기 때문으로 보인다. 만약 빨리 실무를 경험해 보고 싶다면, 전문대학 진학을 고려해보자.

표준분류 중계열 학과 현황

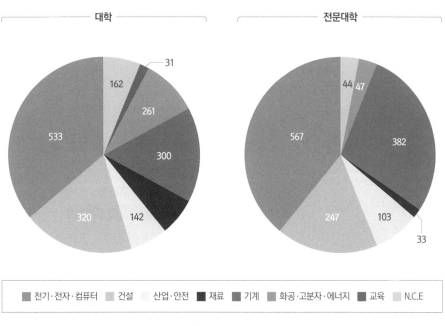

출처: 대학알리미(http://www.academyinfo.go.kr)

공학 계열 학과를 세분화했다. 이 표는 전기 · 전자 · 컴퓨터 계열, 건설 계열, 산업 · 안전 계열, 재료 계열, 기계 계열, 화공 · 고분자 · 에너지 계열, 교육 계열,

N.C.E(분류할 수 없음)로 분류돼 있다. 이 중에 교육 계열은 어느 단위에나 중복되니 빼고, 분류할 수 없는 경우(N.C.E)까지 제외하면 대략 6개 학과군으로 나뉜다.

그래프처럼 전기·전자·컴퓨터 계열 학과 수가 가장 많고, 건설 계열이 그다음이다. 최근 우리나라 건설 경기가 침체해 건설 관련 학과로 입학하려는 학생 수는 점점 줄어드는 추세다. 그 대신, 이른바 전화기(전기·전자·컴퓨터, 화공, 기계) 계열로 입학하려는 학생들은 빠르게 증가하고 있다.

장기적으로 보면 건설뿐만 아니라 산업 안전, 재료 계열 등의 학과들도 충분히 경쟁력이 있다. 다만, 진로를 정할 때 단순히 현재 인기 있는 학과라서 선택하는 것은 좋지 않다. 앞 장에서 자기 적성이 무엇인지 파악하고 진로를 탐색해 보았다면 자신이 정한 길이 최선이다.

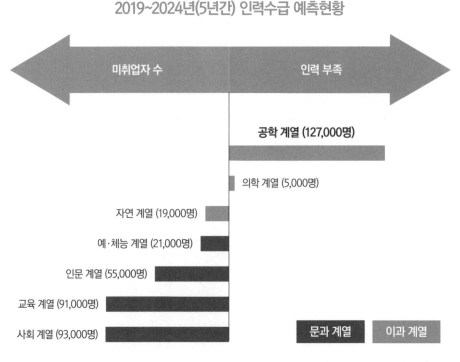

2019~2024년(5년간) 인력수급 예측현황

미취업자 수 / 인력 부족

공학 계열 (127,000명)

의학 계열 (5,000명)

자연 계열 (19,000명)

예·체능 계열 (21,000명)

인문 계열 (55,000명)

교육 계열 (91,000명)

사회 계열 (93,000명)

문과 계열 / 이과 계열

출처: 고용노동부

2014~2024년 대학 전공별 인력 수급 전망

대학생 과잉공급 전망

4년제 대학
321,000 명

전문대
471,000 명

합계
792,000 명

전공자보다 일자리가 부족한 분야
(구직 어려움)

순위	전공	남는 인력(인력 공급·구인 수요)
1	경제·경영	122,000
2	중등교육	78,000
3	사회과학	75,000
4	언어·문학	65,000
5	생물·화학·환경	65,000
6	인문과학	35,000
7	디자인	28,000
8	음악	20,000
9	법률	20,000
10	특수교육	19,000

전공자보다 일자리가 많은 분야
(구직 쉬움)

순위	전공	남는 인력(인력 공급·구인 수요)
1	기계·금속	78,000
2	전기·전자	73,000
3	건축	33,000
4	화공	31,000
5	농림·수산	26,000
6	토목·도시	19,000
7	의료	11,000
8	미술·조형	11,000
9	약학	9,000
10	교통·운송	9,000

단위: 명

출처: 고용노동부

고용노동부는 2019년부터 2025년까지 5년간 한국의 계열별 인력 수급 예측현황을 발표했다. 2014년부터 2024년까지 10년간 대학 전공별 인력 수급 전망을 보면 앞으로 어떤 전공을 해야 취업이 더 쉬운지 알 수 있을 것이다.

우리나라에서 인력 수급이 부족하다고 예측되는 계열은 공학과 의학 계열뿐이다. 자연 계열은 약간의 공급 과잉으로 나타난다. 이런 현상은 사회 구조와 경제 발전에 따라 영향을 받는다. 진학 때 고려해야 할 요소다.

  공학 계열로 진학하기 위한 희망이 보이는가? 공학 계열 중에서도 속칭 전화기(전기·전자·컴퓨터, 화공, 기계) 계열의 일자리 수가 월등히 많은 것을 확인했으니 '역시 인기학과가 좋구나'라고 생각할 수 있다. 이 때문에 많은 학생이 진로 희망과 관계없이 무조건 인기학과로 진학하려고만 하는 우를 범하기 쉽다. 현실적으로야 취업이 더 잘되고 앞으로 수요가 많은 학과로 진학하는 게 좋아 보이겠지만 진로 탐색에서 가장 중요한 점은 진로나 직업이 주는 호기심과 즐거움이다. 이 책을 보는 청소년들이 자신이 정말 원하는 진로에 따라 진학을 준비하기를 바란다.

② 2015 개정 교육과정 공학 계열 전공을 위한
과목 선택 가이드

선생님의 설명을 들으니 제가 공학 계열로 진로를 정한 것이 뿌듯해요. ^.^
이번에 학교에서 과목을 선택하라는 안내문을 받았어요. 왜 이렇게 복잡하죠? 공학 계열로 진학하려면 어떤 과목을 선택해야 할지 모르겠어요. ㅠㅠ

그랬구나. 2015 개정 교육과정에 대해 잘 알지 못하는 학생이 많지. 부모님들도 마찬가지셔. 그럼, 선생님이 2015 개정 교육과정과 선택 과목을 설명할게.

2018년 3월 1일부터 고등학교에서 시행되는 2015 개정 교육과정에서 가장 큰 변화의 틀은 문·이과 통합교육이다. 통합교육을 위해 공통과목(통합사회, 통합과학)을 신설하는 한편, 학생의 과목 선택권을 확대했다.

먼저, 공통과목 신설로 2018학년부터 입학한 모든 고등학교 1학년 학생에게 통합사회, 통합과학, 과학실험탐구는 필수 과목이 됐다. 이런 변화는 모든 학생에게 인문학적 상상력을 바탕으로, 과학기술 창조력을 갖추고 바른 인성을 겸비한 인재를 길러 내겠다는 교육과정이다. 특히 사회과학기술 기초 소양을 함양하겠다는 기본 방향에 충실하다.

둘째, 학생의 과목 선택권 확대는 학생 참여와 소통을 중시하는 학생 중심 교육 철학에서 비롯됐다. 학생 스스로 고등학교 때부터 과목을 선택해 배울 수 있도록 권리를 부여하는 것이 기본이다.

고등학교에 입학한 학생들은 공통으로 정해진 과목을 1학년 때 수강해야 하고, 2학년이 되면 일반 선택 과목과 진로 선택 과목을 수강해야 한다. 단, 1학년 1학기에도 선택은 가능하다. 늦어도 1학년 2학기에는 2학년 선택 과목과 진로 선택 과목을 미리 결정한다. 과목을 선택할 때는 유의사항이 있다.

선택 과정 유의사항

1. 선택인 만큼, 과목 이수는 스스로 책임져야 한다. 자신의 적성과 진로를 고려해 선생님이나 보호자와 상담하고 신중하게 과목을 선택한다.

2. 균형 있는 심신 발달을 위해 편중된 과목 선택은 좋지 않다. 드물지만 일부 대학은 고등학교의 특정 과목을 이수하거나, 특정 분야의 과목을 몇 단위 이상 이수하라고 요구할 수 있다. 따라서 특정 대학을 지망하는 학생들은 모집 요강을 참조하되 편중된 과목 선택으로 대학 선택의 폭을 좁히는 일이 없도록 해야 한다.

3. 교과별 필수 이수 단위를 충족해야 졸업할 수 있다. 국어, 수학, 영어, 사회, 과학 교과의 경우 공통과목 외에 1과목 이상을 선택하면 필수 이수 단위가 충족된다.

4. 선택 과목 중 위계성이 있는 과목은 학습 순서를 고려해야 한다. 예를 들어 수학의 경우 〈수학〉은 공통과목이므로 모든 과목에 앞서 선행되어야 한다. 〈수학 II〉는 〈수학 I〉을 이수한 뒤에 하거나, 〈수학 I〉과 병행해 이수해야 한다. 〈경제 수학〉은 〈수학 I〉을 이수한 후 할 수 있으며, 〈미적분〉은 〈수학 I〉, 〈수학 II〉를 이수한 뒤에 할 수 있다.

5. 진로 선택 과목 중에서 자기 진로를 고려해 3개 이상을 반드시 선택해야 한다.

6. 신청자가 적거나 시간표 문제 등으로 선택한 과목을 수강하지 못할 수도 있다. 이런 이유로 개설되지 않은 과목을 이수하고자 한다면 거점형이나 연합형 선택 교육과정을 활용해 공부할 수 있다.

7. 과목 선택 절차에 의문이 있을 때는 담임 선생님이나 교육과정 담당 선생님께 문의하자. 진로와 관련한 구체적 상담이 필요할 때는 각 과목 선생님이나 진로진학 선생님께 도움을 요청하자.

출처: 서울시교육정보연구원 2015 개정 교육과정에 따른 선택 과목 안내서 발췌

고등학교 보통 교과 교과목 구성표

교과 영역	교과(군)	공통과목	선택 과목	
			일반 선택	진로 선택
기초	국어	국어	화법과 작문, 독서, 언어와 매체, 문학	실용 국어, 심화 국어, 고전 읽기
	수학	수학	수학I, 수학II, 미적분, 확률과 통계	실용 수학, 기하, 경제 수학, 수학 과제 탐구
	영어	영어	영어 회화, 영어I, 영어II 영어 독해와 작문	실용 영어, 영어권 문화, 진로 영어, 영미 문학 읽기
	한국사	한국사		
탐구	사회 (역사/ 도덕 포함)	통합사회	한국지리, 세계지리, 세계사, 동아시아사, 경제, 정치와 법, 사회·문화, 생활과 윤리, 윤리와 사상	여행지리, 사회문제 탐구, 고전과 윤리
	과학	통합과학, 과학탐구실험	물리학I, 화학I, 생명과학I, 지구과학I	물리학II, 화학II, 생명과학II, 지구과학II, 과학사, 생활과 과학, 융합과학
체육·예술	체육		체육, 운동과 건강	스포츠 생활, 체육 탐구
	예술		음악, 미술, 연극	음악 연주, 음악 감상과 비평, 미술 창작, 미술 감상과 비평
생활·교양	기술·가정		기술, 가정, 정보	농업 생명과학, 공학 일반, 창의 경영, 해양 문화와 기술, 가정과학, 지식 재산 일반
	제2외국어		독일어I, 일본어I, 프랑스어I, 러시아어I, 스페인어I, 아랍어I, 중국어I, 베트남어I,	독일어II, 일본어II, 프랑스어II, 러시아어II, 스페인어II, 아랍어II, 중국어II, 베트남어II
	한문		한문I	한문II
	교양		철학, 논리학, 심리학, 교육학, 종교학, 진로와 직업, 보건, 환경, 실용 경제, 논술	

고등학생들이 선택할 수 있는 보통 교과의 공통과목, 일반 선택 과목, 진로 선택 과목은 위 표와 같다. 이 과목 중 공통과목은 반드시 이수해야 하고, 일반 선택 과목과 진로 선택 과목은 적성과 진로를 고려해 선택하자. 좀 더 전문적인 과목을 공부하고 싶다면 전문 교과 I의 과목 중에서 선택할 수 있다.

전문 교과 I의 교과목 구성표

교과(군)	과목			
과학 계열	심화 수학I	심화 수학II	고급 수학I	고급 수학 II
	고급 물리학	고급 화학	고급 생명과학	고급 지구과학
	물리학 실험	화학 실험	생명과학 실험	지구과학 실험
	정보과학	융합과학 탐구	과학과제 연구	생태와 환경

희망하는 과목이 학교에 개설되지 않았거나, 수강인원 미달로 폐강됐다면 온라인 공동교육과정인 '교실온닷(https://edu.classon.kr/)을 이용해 이수하는 방법이 있다.

2018년도를 기준으로 총 11개 시도교육청이 참여했다. 총 48개 강좌가 개설됐는데 그중 공학 계열을 희망하는 학생들이 관심을 가질 수학과 과학 관련 과목은 8개다. 앞으로 더 많은 과목이 개설될 예정이며 2019학년도부터는 전국으로 확대될 예정이다. 이 사이트를 이용하면 학교에서 개설되지 않는 전문 교과를 이수할 수 있어서 공과대학 진학의 꿈을 이루는 데 도움이 된다.

3

과목
선택 노하우

선생님 설명을 들으니 2015 개정 교육과정은 이해되는 것 같은데요, 과목이 너무 많아요. 구체적으로 어떻게 선택해야 하나요?

2015 개정 교육과정의 핵심 중 하나가 학생의 과목 선택권 이므로 진진이가 조금 더 신중하게 자신의 진로에 맞춰 선택하는 것이 중요하단다. 선생님이 자세히 설명해 줄게.

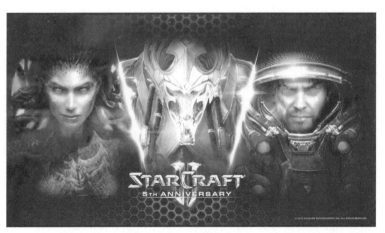

스타크래프트2

1990년대 후반에 출시돼 현재까지 인기를 끄는 '스타크래프트'라는 인터넷 게임이 있다. 테란, 프로토스, 저그라는 세 종족이 서로 다른 지식을 기반으로 기술을 개발해 전투를 벌인다. 전투에서 이기려면 플레이어의 손기술, 순발력 그리고 순간 판단력이 중요하지만, 무엇보다 테크트리(Tech-tree)로 기술을 개발하는 것이 가장 중요하다.

스타크래프트2 테란 테크트리

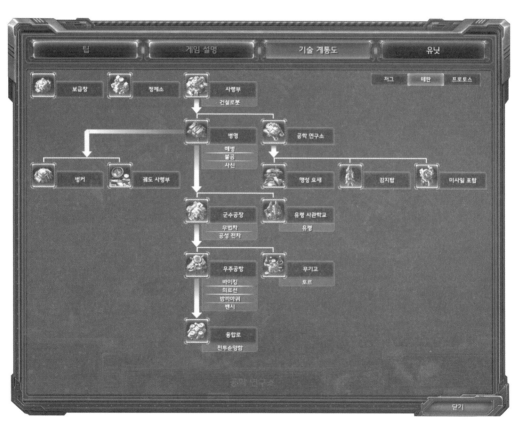

위 그림은 스타크래프트2에서 테란의 테크트리를 나타낸 것이다. 자신이 플레이어라고 생각해보자. 공성 전차를 만들려면 어떻게 해야 할까?

공성 전차는 먼저 병영을 세우고, 군수공장을 지은 다음에야 가능하다. 플레이어가 테크트리 순서도를 잘 알고 게임을 하면 내게 필요한 유닛을 개발하는 데 현재 무엇을 해야 할지 쉽게 알 수 있다. 만일 테크트리를 모르면 자기가 무엇을 해야 원하는 것을 얻을 수 있을지 몰라서 자원과 시간만 낭비하다가 결국 패배에 이르게 된다.

2015 개정 교육과정에서 선택 과목 결정은 '테크트리'와 비슷하다. 진로 희망을 정하고 이를 이루려면 어떤 과목을 들어야 하는지 정보를 얻고 테크트리를 세우는 전략이 필요하다.

공학 계열 전공을 위한 과목 선택 로드맵(테크트리)의 기본은 우선 6개의 중계열로 나누는 데 있다. 추천 과목 목록을 보기 전에 자신만의 교육과정을 한번 만들어 보는 것도 좋다. 그 후 추천 과목과 비교한다면 생각과 가이드의 차이가 무엇인지, 어떻게 하면 더 효과적인 과목 선택 로드맵을 만들 수 있는지 아이디어를 얻을 수 있다.

먼저 로봇 공학과로 진학하는 A 학생이 만든 교육과정을 살펴보고 자신의 교육과정을 생각해보자.

공학 계열 로봇 공학과 진로를 정한 A 군의 3년간 교육과정 예시

학년-학기	1-1	1-2	2-1	2-2	3-1	3-2
기초	국어 수학 영어 한국사	국어 수학 영어 한국사	문학 수학 I 영어 I	언어와 매체 수학 II 영어 II 확률과 통계	독서 미적분 기하 영어 독해와 작문	화법과 작문 미적분 기하 영어 독해와 작문
탐구	통합사회	통합사회	생활과 윤리			
	통합과학 과학탐구 실험	통합과학 과학탐구 실험	물리학 I 화학 I	지구과학 I 생명과학 I	물리학 II 화학 II 지구과학 II	물리학 II 화학 II 지구과학 II
체육·예술	체육 음악 미술	체육 음악 미술	운동과 건강 미술 감상과 비평	운동과 건강 미술 감상과 비평	운동과 건강	운동과 건강
생활·교양			한문 I	일본어 I	환경 공학 일반	환경 공학 일반

나의 꿈을 위한 나만의 교육과정

학년-학기	1-1	1-2	2-1	2-2	3-1	3-2
기초						
탐구						
체육·예술						
생활·교양						

대학 학과별
필요한 수강 과목

이제 제가 몇 학년에 무슨 과목을 어떻게 선택해야 하는지 알 것 같아요. 공학 계열의 모든 학과가 다 같은 과목을 선택하나요? 아니면 자신이 희망하는 학과별로 다른가요?

역시 진진이는 잘 이해하는구나. 자신이 전공하기를 희망하는 학과에 따라 차이가 나지 않을까? 자신이 하고 싶은 전공을 가르치는 학과와 특징을 알아보고 수강하면 좋을 과목들을 한번 살펴볼까?

공학 계열 학과별 유사학과 분류표

학과	관련 학과
건축학과	건축학과 건축과 실내건축학과 친환경건축학과
건축·설비공학과	건축공학과 건축기계설비과 건축시스템공학과
조경학과	조경학과 생태조경디자인과 녹지조경학과 환경조경과
토목공학과	토목공학과 건설시스템공학과 건설환경공학과 철도건설과 토목과
도시공학과	도시공학과 도시건설과 도시정보공학전공
지상교통공학과	교통공학과 철도운전시스템과 드론교통공학과 교통시스템공학과

항공학과	항공우주공학과 항공시스템공학과 항공정비학과 항공기계과
해양공학과	해양공학과 선박해양공학과 조선해양공학과 조선해양플랜트과 조선기계과 해양학과
기계공학과	기계공학과 기계설계공학과 기계시스템공학과 기계융합공학과 자동화시스템과 지능로봇과 컴퓨터응용기계과 기계과
재료·금속학과	금속재료과 재료공학과 제철산업과 나노재료공학전공
자동차공학과	자동차공학과 미래자동차공학과 스마트자동차공학과 자동차튜닝과 자동차과
전기공학과	전기공학과 디지털전기공학과 전기전자과 철도전기과
전자공학과	전자공학과 전자전기공학과 디지털전자과 스마트전자과
제어계측공학과	제어계측공학과 전기전자제어과 전기제어과 스마트시스템제어과
메카트로닉스(기전)공학과	메카트로닉스공학과 로봇공학과 스마트팩토리과 전기자동차과 항공메카트로닉스과
(안경)광학과	안경광학과 광공학과 레이저광정보공학전공
에너지공학과	에너지자원공학과 원자력공학과 미래에너지공학과 바이오에너지공학과 환경에너지공학과 신재생에너지과
환경공학과	환경공학과 지구환경과학과 환경보건학과 환경생명공학과 환경과학과 환경시스템공학과 환경학과
반도체·세라믹공학과	반도체공학과 반도체디스플레이학과 반도체장비공학과
섬유공학과	섬유소재공학과 섬유시스템공학과 바이오섬유소재학과
신소재공학과	신소재 공학과 나노신소재 공학과 신소재응용과 융합신소재공학과 화학신소재학과
컴퓨터공학과	컴퓨터공학과 멀티미디어공학과 컴퓨터시스템공학과
응용소프트웨어공학과	디지털콘텐츠과 소프트웨어공학과 스마트소프트웨어과 융합소프트웨어학과
게임공학과	게임공학과 게임콘텐츠과 게임학과 멀티미디어게임과
정보·통신공학과	정보통신공학과 전자정보통신공학과 e-비지니스과 ICT융합학과 스마트IT학과
정보보안·보호학과	정보 보안학과 정보보호학과 사이버보안과 융합보안학과
산업공학과	산업공학과 산업경영공학과 산업시스템공학과 산업설비자동하과
화학공학과	화학공학과 고분자공학과 생명화학공학과 화공생명학과
소방방재학과	소방방재학과 소방안전관리학과 안전공학과 재난안전소방학과

출처: 전라남도교육청 대학 전공 선택 길라잡이를 참조해 구성

가) 전기·전자·컴퓨터 관련 분야

대표 학과 1
전기공학과

'전기공학'은 전기와 자기의 흐름에 관해 탐구하고 이를 실생활에 응용하기 위한 분야다. 학교에 따라서 전기, 전자를 결합한 학부 또는 학과로 운영하기도 한다.

관련 자격

국가 자격	전기기사, 전기산업기사, 전기공사기사, 전기공사산업기사, 무선설비기사, 무선설비산업기사, 정보통신기사, 정보통신산업기사, 통신선로산업기사, 방송통신기사, 방송통신산업기사, 전파전자통신기사, 전파전자통신산업기사, 무대예술전문인 등

졸업 후 진출 분야

일반기업	각종 전기 또는 전자 관련 제조업체, 전기공사, 통신업체, 건설회사, 전력 및 설비제조업체, 전자 부품설계 및 제조업체, 전자기기 설계 및 제조업체, 각종 전자장비운영 및 유지보수업체, 음향기기, 화상기기, 유무선통신장비업체, 첨단의료장비제조업체, 이동통신, 위성통신 및 위성방송 관련 업체, 반도체소자, 마그네트레이저 등 전자소자 제조업체 등
공공기관	중앙정부 및 지방자치단체(전기직, 전산직, 전송기술직), 한국전력공사, 한국전기안전공사, 기초전력연구원, 한국전기전자시험연구원, 한국전력기술주식회사, 한국전파연구원, 한국전기연구원, 한국전자통신연구원, 한국전력거래소, 정보통신정책연구원 등

다음과 같은 과목을 수강하면 전기공학과 진학에 도움이 된다.

교과 영역	교과(군)	공통과목	선택 과목	
			일반 선택	진로 선택
기초	국어	국어	화법과 작문, 독서, 언어와 매체, 문학	
	수학	수학	수학Ⅰ, 수학Ⅱ, 미적분, 확률과 통계	기하
	영어	영어	영어 회화, 영어Ⅰ, 영어Ⅱ 영어 독해와 작문	
	한국사	한국사		
탐구	사회 (역사/ 도덕 포함)	통합사회		
	과학	통합과학, 과학탐구실험	물리학Ⅰ, 화학Ⅰ	물리학Ⅱ, 화학Ⅱ, 융합과학
생활·교양			제2외국어Ⅰ, 한문Ⅰ, 기술·가정, 정보	공학 일반, 창의 경영, 지식재산 일반

전자공학과

'전자공학'은 컴퓨터, 반도체, 이동통신, 가전, 로보틱스, 영상 등 다양한 분야의 기술 발전을 주도해 정보화, 자동화 시대의 핵심이 된다. 전자공학 관련 학과에서는 산업체, 연구기관, 교육 분야 등에서 필요로 하는 능력과 전문기술을 갖춘 인력을 양성하며, 많은 대학에서 최근의 융복합 IT 시대에 부합하는 학과와 교육과정을 운영 중이다.

관련 자격

국가 자격	전기기사, 전기산업기사, 전기공사기사, 전기공사산업기사, 무선설비기사, 무선설비산업기사, 정보통신기사, 정보통신산업기사, 통신선로산업기사, 방송통신기사, 방송통신산업기사, 전파전자통신기사, 전파전자통신산업기사, 무대예술전문인 등

졸업 후 진출 분야

일반기업	각종 전기 또는 전자 관련 제조업체, 전기공사, 통신업체, 건설회사, 전력 및 설비제조업체, 전자기기 설계 및 제조업체, 각종 전자장비운영 및 유지보수업체, 음향기기, 화상기기, 유무선 통신장비업체, 첨단의료장비제조업체, 반도체소자 등
공공기관	중앙정부 및 지방자치단체(전기직, 전산직, 전송기술직), 한국전력공사, 한국전기안전공사, 기초전력 연구원, 한국전기전자시험연구원, 한국전력기술주식회사, 한국전파연구원, 한국전기연구원, 한국전자통신연구원, 한국전력거래소, 정보통신정책연구원 등

기타	전기설비조작원, 발전장치조작원, 철도 기관차 및 전동차 정비원, 음향 및 녹음 기사, 항공기 정비원, 비파괴검사원, 전기 및 정보통신 관련 연구소 등

다음과 같은 과목을 수강하면 전자공학과 진학에 도움이 된다.

교과 영역	교과(군)	공통과목	선택 과목	
			일반 선택	진로 선택
기초	국어	국어	화법과 작문, 독서, 언어와 매체, 문학	
	수학	수학	수학 I, 수학 II, 미적분,	기하
	영어	영어	영어 회화, 영어 I, 영어 II 영어 독해와 작문	
	한국사	한국사		
탐구	사회 (역사/ 도덕 포함)	통합사회		
	과학	통합과학, 과학탐구실험	물리학 I, 화학 I	물리학 II, 화학 II, 융합과학
생활·교양			제2외국어 I, 한문 I, 기술·가정, 정보	공학 일반, 창의 경영, 지식재산 일반

컴퓨터공학과

'컴퓨터공학'은 컴퓨터하드웨어, 소프트웨어, 멀티미디어, 임베디드시스템 등 컴퓨터와 관련된 지식과 기술을 바탕으로 다양하게 확장할 수 있는 분야를 통칭한다. 프로그래밍 언어, 네트워크, 컴퓨터시스템 운영 체제, 인공지능 등을 공부하는 관련 학과도 있다.

관련 자격

국가 자격	전자기사, 전파전자통신기사, 전자계산기기사, 반도체설계기사, 반도체설계산업기사, 정보 통신기사, 정보통신산업기사, 정보처리기사, 전자계산기조직응용기사, 멀티미디어콘텐츠 제작전문가, 게임프로그래밍전문가, 게임기획전문가 등
민간자격	SQL(Structured Query Language), 데이터 분석전문가, 데이터 분석준전문가, 데이터아키텍처전문가(DAP) 등

졸업 후 진출 분야

일반기업	가상현실전문가, 기술지원전문가, 네트워크관리자, 네트워크프로그래머, 데이터베이스개발자, 변리사, 시스템소프트웨어개발자, 애니메이터, 웹디자이너, 웹마스터, 웹엔지니어, 웹프로그래머, 응용 소프트웨어개발자, 정보시스템운영자, 컴퓨터 보안전문가, 컴퓨터시스템감리전문가, 컴퓨터시스템 설계분석가
공공기관	국정원, 사이버수사대, 국방부

다음과 같은 과목을 수강하면 컴퓨터공학과 진학에 도움이 된다.

교과 영역	교과(군)	공통과목	선택 과목	
			일반 선택	진로 선택
기초	국어	국어	화법과 작문, 독서, 언어와 매체, 문학	
	수학	수학	수학Ⅰ, 수학Ⅱ, 미적분, 확률과 통계	기하
	영어	영어	영어 회화, 영어Ⅰ, 영어Ⅱ 영어 독해와 작문	
	한국사	한국사		
탐구	사회 (역사/ 도덕 포함)	통합사회		
	과학	통합과학, 과학탐구실험	물리학Ⅰ	물리학Ⅱ, 융합과학
생활·교양			제2외국어Ⅰ, 한문Ⅰ, 기술·가정, 정보	공학 일반

나) 건축·토목·도시 관련 분야

대표 학과 1
건축학과

'건축'은 크게 2가지로 구분된다. 건축물 설계, 건축을 위한 이론과 기술체계를 중점적으로 연구하는 '건축학'과 건축물 구조, 공법, 재료, 역학 등을 주로 공부하는 '건축공학'이 그것이다. 건축학과는 편리하고 효율적인 건축물 설계를 연구하며 대학에 따라 4년제 또는 5년제 교육과정으로 운영한다. 최근 디지털 건축에 관심과 활용이 늘면서 BIM(빌딩정보모델링) 적용을 위한 3D 모델링 소프트웨어나 캐드를 활용한 도면 작성 등을 배우기도 한다.

관련 자격

국가 자격	건축사, 건축기사, 건축산업기사 실내건축기사, 실내건축산업기사, 건축설비기사, 건축설비산업기사, 도시계획기사, 산업안전지도사 등

졸업 후 진출 분야

일반기업	건설전문업체, 설계사무소, 전문설비건설업체, 건축설비관련설계 및 시공업체, 엔지니어링업체, 인테리어전문업체 등
공공기관	중앙정부 및 지방자치단체(기술직-건축), LH(한국토지주택공사), 한국건설기술연구원, 한국건설생활환경연구원 등
기타	기업의 건축 관련 연구소 등

다음과 같은 과목을 수강하면 건축학과 진학에 도움이 된다.

교과 영역	교과(군)	공통과목	선택 과목	
			일반 선택	진로 선택
기초	국어	국어	화법과 작문, 독서, 언어와 매체, 문학	
	수학	수학	수학 I, 수학 II, 미적분, 확률과 통계	기하, 수학과제 탐구
	영어	영어	영어 회화, 영어 I, 영어 II 영어 독해와 작문	
	한국사	한국사		
탐구	사회 (역사/ 도덕 포함)	통합사회	세계지리, 한국지리, 세계사, 동아시아사, 윤리와 사상	
	과학	통합과학, 과학탐구실험	물리학 I, 화학 I, 지구과학 I	
체육·예술	예술		미술	미술창작, 미술 감상과 비평
생활·교양			제2외국어 I, 한문 I, 기술·가정, 정보	공학 일반, 창의 경영, 지식재산 일반

토목공학과

'토목공학'은 우리가 살아가는 데 필요한 다리, 터널, 철도, 지하철 등의 교통 시설, 발전소 같은 전력 시설, 댐 같은 해양 시설, 상하수도, 환경 관련 시설, 안전 관리 시설 등 각종 사회기반 시설물이 안전하게 작동해 최적의 기능을 발휘할 수 있도록 설계하고 시공·유지하는 지식과 기술을 공부한다. 최근에는 우주개발, 사막개발, 해저개발 등 탐구영역이 점차 넓어지는 추세이기도 하다.

관련 자격

국가 자격	토목기사, 토목산업기사, 건설재료시험기사, 건설재료시험산업기사, 응용지질기사, 지적기사, 지적산업기사 철도토목기사, 철도토목산업기사, 콘크리트기사, 콘크리트산업기사 항로표지기사, 항로표지산업기사, 해양자원개발기사, 해양환경기사, 해양공학기사, 측량 및 지형공간정보기사, 측량 및 지형공간정보산업기사, 화약류관리기사, 화약류관리산업기사 등

졸업 후 진출 분야

일반기업	건설회사, 엔지니어링회사, 전문공사업체, 건설안전진단업체, 토질조사 및 시험업체 등
공공기관	한국수자원공사, 한국토지공사, 한국도로공사, 대한주택공사, 한국농촌공사, 국토연구원, 한국건설기술연구원, 지자체시설공단, 지방자치단체(토목직) 등
기타	국토해양부, 국공립 및 민간기업체 등의 연구기관 등

다음과 같은 과목을 수강한다면 토목공학과 진학에 도움이 된다.

교과 영역	교과(군)	공통과목	선택 과목	
			일반 선택	진로 선택
기초	국어	국어	화법과 작문, 독서, 언어와 매체, 문학	
	수학	수학	수학I, 수학II, 미적분, 확률과 통계	기하
	영어	영어	영어 회화, 영어I, 영어II 영어 독해와 작문	
	한국사	한국사		
탐구	사회 (역사/ 도덕 포함)	통합사회	생활과 윤리	사회문제 탐구
	과학	통합과학, 과학탐구실험	물리I, 화학I, 지구과학I	물리II, 화학II, 지구과학II
생활·교양			제2외국어I, 한문I, 기술·가정, 정보, 환경	공학 일반, 창의 경영, 지식재산 일반

대표 학과 3

도시공학과

도시에는 주택, 교통, 환경 등에서 다양한 문제가 발생할 수 있어 더 쾌적하고 살기 좋은 도시 환경을 원하는 사람들의 욕구가 커지고 있다. '도시공학'은 도시의 제반 문제를 해결해 삶의 질을 높이고 생활환경을 효율적으로 계획하고 개발하려는 방법을 탐구한다. 생활과 관련한 공간을 다루므로 건축, 토목, 환경, 기계 등 공학적 지식뿐만 아니라 법, 행정, 사회, 경제, 경영 등 다양한 인문·사회 분야와도 밀접한 관련이 있다.

관련 자격

국가 자격	도시계획기사, 지적기사, 지적산업기사, 감정평가사, 건설안전기사, 건설안전산업기사, 교통기사 교통산업기사 등

졸업 후 진출 분야

일반기업	도시 및 지역계획, 국토계획, 교통 관련 엔지니어링회사, 도시설계, 단지 계획 그리고 주택지 설계 등을 담당하는 설계회사, 교통정보화(전자 교통장비 및 지능형 교통시스템) 관련 업체 등
공공기관	건설교통부 등 중앙정부, 지방자치단체, 경찰청, 철도청, 해양항만청, 국토연구원, 한국도로공사, 한국토지주택공사, 한국수자원공사, 지역도시개발공사, 한국교통연구원 등

다음과 같은 과목을 수강한다면 도시공학과 진학에 도움이 된다.

교과 영역	교과(군)	공통과목	선택 과목	
			일반 선택	진로 선택
기초	국어	국어	화법과 작문, 독서, 언어와 매체, 문학	
	수학	수학	수학 I, 수학 II, 미적분, 확률과 통계	기하
	영어	영어	영어 회화, 영어 I, 영어 II 영어 독해와 작문	
	한국사	한국사		
탐구	사회 (역사/ 도덕 포함)	통합사회	세계지리, 한국지리	사회문제 탐구
	과학	통합과학, 과학탐구실험	물리 I, 화학 I, 지구과학 I	물리 II, 화학 II, 지구과학 II
생활·교양			제2외국어 I, 한문 I, 기술·가정, 정보, 환경	공학 일반, 창의 경영, 지식재산 일반

다) 산업·안전·운항 관련 분야

대표 학과 1
산업공학과

'산업공학'은 특정 산업에만 국한하지 않고 전 산업 분야에 응용 가능한 학문이며, 인력·기계·기술 등과 관련한 최적의 시스템을 연구한다. 기존 시스템의 문제점을 분석해 개선점을 찾아내는 방법과 기술을 공부하며, 물리적인 시스템뿐만 아니라 다양한 조직원의 커뮤니케이션을 이끌고 리더십을 발휘할 수 있는 관리능력도 배운다.

공학에 해당하는 분야지만 '경영'과도 관련이 깊어 사회과학적 마인드가 크게 필요하다. 졸업 후에는 마케팅, 인사 관련 업무 등을 담당하기도 한다.

관련 자격

국가 자격	인간공학기사, 품질경영기사, 품질경영산업기사, 정보처리기사, 정보처리산업기사, 산업안전기사, 산업안전산업기사 등

졸업 후 진출 분야

일반기업	교통안전연구원, 도로운송사무원, 물류관리전문가, 변리사, 산업공학기술자, 산업안전원, 수상운송사무원, 온실가스인증심사원, 위험관리원, 전자계측제어기술자, 전자의료기기개발기술자, 전자제품개발기술자, 정보시스템운영자, 제품생산관련관리자, 철도운송사무원, 컴퓨터시스템설계분석가, 품질관리사무원, 품질인증심사전문가, 항공운송사무원 등

공공기관	공무원, 한국토지주택공사, 광주도시철도공사, 대한석탄공사 등
기타	교수, 연구소, 회계사, 세무사, 컨설턴트 등

다음과 같은 과목을 수강한다면 산업공학과 진학에 도움이 된다.

교과 영역	교과(군)	공통과목	선택 과목	
			일반 선택	진로 선택
기초	국어	국어	화법과 작문, 독서, 언어와 매체, 문학	
	수학	수학	수학 I, 수학 II, 미적분, 확률과 통계	기하
	영어	영어	영어 회화, 영어 I, 영어 II 영어 독해와 작문	
	한국사	한국사		
탐구	사회 (역사/ 도덕 포함)	통합사회	사회·문화, 경제	사회문제 탐구
	과학	통합과학, 과학탐구실험		융합과학
생활·교양			제2외국어 I, 한문 I, 기술·가정, 정보	공학 일반

소방방재학과

'소방방재학'은 화재나 재난이 발생했을 때 인명과 재산 피해를 최소화하고자 화재 재난의 원인과 과정을 과학적으로 규명하고, 예방과 효과적인 진압, 안전한 구조에 필요한 지식과 기술을 체계적으로 공부한다. 소방·방재기술을 개발해 재난 방지에 일익을 담당할 수 있는 수준 높은 전문인력을 양성한다.

관련 자격

국가 자격	소방설비기사, 소방설비산업기사, 위험물산업기사, 산업안전기사, 산업안전산업기사, 가스기사, 가스산업기사, 화재감식평가기사, 화재감식평가산업기사 등
민간 자격	소방안전관리사, 기업재난관리사, 재난관리사 등

졸업 후 진출 분야

일반기업	산업안전원, 소방공학기술자, 위험관리원 등
공공기관	소방관, 한국산업안전공단, 대한산업안전협회, 노동부, 공사 등의 공기업 및 유관 기관

다음과 같은 과목을 수강한다면 소방방재학과 진학에 도움이 된다.

교과 영역	교과(군)	공통과목	선택 과목	
			일반 선택	진로 선택
기초	국어	국어	화법과 작문, 독서, 언어와 매체, 문학	
	수학	수학	수학Ⅰ, 수학Ⅱ, 미적분, 확률과 통계	기하
	영어	영어	영어 회화, 영어Ⅰ, 영어Ⅱ 영어 독해와 작문	
	한국사	한국사		
탐구	사회 (역사/ 도덕 포함)	통합사회		
	과학	통합과학, 과학탐구실험	물리Ⅰ, 화학Ⅰ, 생명과학Ⅰ	물리Ⅱ, 화학Ⅱ, 융합과학
생활·교양			제2외국어Ⅰ, 한문Ⅰ, 기술·가정, 보건	

라) 재료 관련 분야

대표 학과 1
재료·금속공학과

재료, 금속공학 관련 학과에서는 일상생활 또는 산업 생산의 기본요소인 재료를 다루며, 물질의 물리적, 화학적, 기계적, 전기적 그리고 자기적 성질에 관한 전반적인 이해와 응용을 공부한다.

철강, 비철 재료, 신소재 등과 관련한 깊고 폭넓은 연구를 수행하며 재료를 구성하는 각종 물질의 구조와 조직을 연구한다. 신 기술에 요구되는 새로운 재료를 연구·개발하는 일과 고체물리학과 물리화학을 바탕으로 산업용 재료로 활용할 수 있는 물질을 개발하고 개선하는 연구도 한다.

관련 자격

국가 자격	비파괴검사기사, 비파괴검사산업기사, 표면처리산업기사, 치공구설계산업기사, 용접기사, 용접산업기사, 금속재료기사, 금속재료산업기사 등

졸업 후 진출 분야

일반기업	반도체제조업체, 반도체장비 및 소재 관련 기업, 석유화학회사, 종합제철소, 비철금속제련업체, 금속가공업체, 자동차제조업체, 조선건조업체, 항공기제조업체, 유리·도자기 등 전통요업업체, 전자정보 소재 관련 업체, 염색가공업체, 섬유제조 및 가공업체 등

공공기관	한국전자통신연구원, 한국과학기술원, 한국생산기술연구원, 요업기술원, 한국산업기술시험원, 한국기계연구원부설재료연구소, 한국기계연구원 등
기타	반도체, 금속, 신소재, 섬유 및 가공 관련 기업 연구소, 대학 내 연구소 등

다음과 같은 과목을 수강한다면 재료·금속공학과 진학에 도움이 된다.

교과 영역	교과(군)	공통과목	선택 과목	
			일반 선택	진로 선택
기초	국어	국어	화법과 작문, 독서, 언어와 매체, 문학	
	수학	수학	수학I, 수학II, 미적분,	기하
	영어	영어	영어 회화, 영어I, 영어II 영어 독해와 작문	
	한국사	한국사		
탐구	사회 (역사/ 도덕 포함)	통합사회		
	과학	통합과학, 과학탐구실험	물리I, 화학I	물리II, 화학II, 융합과학
생활·교양			제2외국어I, 한문I, 기술·가정, 정보	공학 일반, 창의 경영, 지식재산 일반

반도체·세라믹공학과

반도체공학은 오늘날 기술 혁신과 정보화를 주도하는 반도체의 기본원리에서부터 응용 분야 전반을 폭넓게 연구하는 응용공학이다. 세라믹공학은 21세기 첨단 소재, 부품 산업의 핵심 분야로 기계, 전기, 조선, 자동차, 화학공업 등의 전반적인 산업 분야의 기반이 된다.

관련 자격

국가 자격	반도체설계기사, 반도체설계산업기사, 전자기사, 전자산업기사, 재료기사, 재료조직평가산업기사 등

졸업 후 진출 분야

일반기업	LED 연구 및 개발자, RFID시스템개발자, 공학 계열 교수, 로봇 공학기술자, 반도체공학기술자, 반도체장비기술자, 재료공학기술자, 전기제품개발기술자, 전자제품개발기술자, 컴퓨터하드웨어 기술자 등
공공기관	각종 공기업 엔지니어
기타	응집물리학, 반도체공학, 전자공학 등 물리학 분야 연구원 등

다음과 같은 과목을 수강한다면 반도체·세라믹공학과 진학에 도움이 된다.

교과 영역	교과(군)	공통과목	선택 과목	
			일반 선택	진로 선택
기초	국어	국어	화법과 작문, 독서, 언어와 매체, 문학	
	수학	수학	수학I, 수학II, 미적분, 확률과 통계	기하
	영어	영어	영어 회화, 영어I, 영어II 영어 독해와 작문	
	한국사	한국사		
탐구	사회 (역사/ 도덕 포함)	통합사회		
	과학	통합과학, 과학탐구실험	물리I, 화학I	물리II, 화학II
생활·교양			제2외국어I, 한문I, 기술·가정, 정보	공학 일반

신소재 공학과

신소재 공학은 첨단사업의 핵심적인 역할을 담당하는 공학 소재의 개발과 발전을 연구하는 학문이다. 산업의 요구에 부응해 고부가가치 산업에 필요한 기술적 신소재, 생체 재료, 기능 재료, 환경 재료 등의 첨단 재료를 연구하고 개발한다. 금속 소재, 세라믹 소재, 전자 소재, 고분자바이오 소재 등을 연구하며 이런 소재들을 통해 신소재 개발에 주력한다.

관련 자격

국가 자격	금속기사, 금속재료산업기사, 주조산업기사, 표면처리산업기사, (초음파, 자기, 침투, 와전류, 누설) 비파괴검사기사, (초음파, 자기, 침투, 와전류, 누설)비파괴검사산업기사, 반도체설계기사, 반도체설계산업기사 등

졸업 후 진출 분야

일반기업	금속공학기술자, 금속재료공학시험원, 나노공학기술자, 변리사, 비파괴검사원, 석유화학공학기술자, 의약품화학공학기술자, 자재관리사무원, 전자의료기기개발기술자 등
공공기관	교육과학기술부, 지식경제부, 특허청, 감사원 등
기타	한국과학기술연구원, 한국기계연구원, 전자통신연구소, 한국화학연구소, 한국기계연구원, 생산기술연구원 등

다음과 같은 과목을 수강한다면 신소재 공학과 진학에 도움이 된다.

교과 영역	교과(군)	공통과목	선택 과목	
			일반 선택	진로 선택
기초	국어	국어	화법과 작문, 독서, 언어와 매체, 문학	
	수학	수학	수학 I, 수학 II, 미적분, 확률과 통계	기하
	영어	영어	영어 회화, 영어 I, 영어 II 영어 독해와 작문	
	한국사	한국사		
탐구	사회 (역사/ 도덕 포함)	통합사회		
	과학	통합과학, 과학탐구실험	물리 I, 화학 I	물리 II, 화학 II, 융합과학
생활·교양			제2외국어 I, 한문 I, 기술·가정, 정보	공학 일반

마) 기계·로봇 관련 분야

대표 학과 1
기계공학과

기계공학 분야는 각종 산업기계와 장치설비의 설계·제작·이용·관리 등에 관한 이론과 응용기술을 연구한다. 산업의 뿌리라고 할 만큼 응용 분야도 매우 광범위하고 졸업 후 진출 분야도 다양하다. 최근에는 전기공학, 전자공학 등과 융합하거나 ICT와 연계해 메카트로닉스공학, 제어계측공학 등이 함께 발전하고 있다.

관련 자격

국가 자격	일반기계기사, 기계설계기사, 기계설계산업기사, 메카트로닉스기사, 메카트로닉스산업기사, 생산자동화산업기사, 자동차정비기사, 자동차정비산업기사, 산업안전기사, 산업안전산업기사, 무대예술전문인 등

졸업 후 진출 분야

일반기업	각종 기계 및 관련 장비 생산업체, 산업기계제작회사, 자동차생산업체, 자동차부품 설계 및 생산 업체, 자동차정비 및 검사업체, 항공기 제작회사, 항공기부품회사, 조선소 등
공공기관	중앙정부 및 지방자치단체(기계직), 한국기계연구원, 한국생산기술연구원, 한국표준과학연구원, 한국과학기술연구원, 한국원자력연구원, 한국국방연구원, 산업연구원 등

기타	비파괴검사원, 기관사, 제도사, 철도 및 지하철기관사, 항공공학기술자, 자동차공학기술자, 엔진기계공학기술자 등

다음과 같은 과목을 수강한다면 기계공학과 진학에 도움이 된다.

교과 영역	교과(군)	공통과목	선택 과목	
			일반 선택	진로 선택
기초	국어	국어	화법과 작문, 독서, 언어와 매체, 문학	
	수학	수학	수학 I, 수학 II, 미적분, 확률과 통계	기하, 수학과제 탐구
	영어	영어	영어 회화, 영어 I, 영어 II 영어 독해와 작문	
	한국사	한국사		
탐구	사회 (역사/ 도덕 포함)	통합사회		
	과학	통합과학, 과학탐구실험	물리 I, 화학 I	물리 II, 화학 II
생활·교양			제2외국어 I, 한문 I, 정보	공학 일반, 창의 경영, 지식재산 일반

자동차공학과

자동차공학은 자동차 제작에 필요한 이론 연구와 새로운 기술 개발을 통해 자동차 산업을 발전시키는 첨단 분야다. 자동차 내부기관에 들어갈 기계를 연구하는 내연기관 분야, 자동차 외장을 연구하는 자동차 섀시(차대) 분야, 전기와 전자를 연구하는 자동차 전기전자 분야, 차량의 움직임과 힘의 원리를 연구하는 차량 동역학 분야가 있다.

이 외에도 자동차 설계, 자동차 성능 해석, 자동차와 환경 등의 분야가 포함된다. 최근 자동차는 기계장치를 넘어 첨단 ICT와 결합하는가 하면 친환경 자동차에 관한 관심이 높아지고 있다.

관련 자격

국가 자격	일반기계기사, 기계설계기사, 기계설계산업기사, 기계가공조립산업기사, 메카트로닉스기사, 메카트로닉스산업기사, 자동차정비기사, 자동차정비산업기사, 철도차량기사, 철도차량산업기사 등

졸업 후 진출 분야

일반기업	자동차공학기술자, 엔진기계공학기술자, 철도차량공학기술자, 철도기관차 및 전동차 정비원, 자동차정비원 등
공공기관	한국기계연구원, 한국국방연구원, 산업연구원 등
기타	자동차영업원, 자동차보험사무원 등

다음과 같은 과목을 수강한다면 자동차공학과 진학에 도움이 된다.

교과 영역	교과(군)	공통과목	선택 과목	
			일반 선택	진로 선택
기초	국어	국어	화법과 작문, 독서, 언어와 매체, 문학	
	수학	수학	수학 I, 수학 II, 미적분, 확률과 통계	
	영어	영어	영어 회화, 영어 I, 영어 II 영어 독해와 작문	
	한국사	한국사		
탐구	사회 (역사/ 도덕 포함)	통합사회		
	과학	통합과학, 과학탐구실험	물리 I, 화학 I	물리 II, 화학 II
생활·교양			제2외국어 I, 한문 I, 정보	공학 일반, 창의 경영, 지식재산 일반

대표 학과 1
화학공학과

'화학공학'은 고분자, 신에너지, 환경기술 등 최근 주목받는 분야에 응용될 뿐만 아니라, 반도체, 생물공학, 환경공학, 교통공학, 재료공학 등 다양한 학문과도 연결돼 있다. '화학' 분야가 화학반응의 원리를 주로 다룬다면, '화학공학'은 이를 실생활에 응용하는 기술과 방법까지 포괄하는 훨씬 광범위한 분야다.

화학공학은 섬유, 석유, 플라스틱, 세제, 화장품, 제약 등 우리 실생활과 밀접한 관련이 있는 제품에서부터 환경기술, 에너지 생산, 엔지니어링 등 화학 공정이 필요한 전 산업에 걸쳐 응용되고 있다.

관련 자격

국가 자격	화공기사, 화학분석기사, 화약류제조기사, 화약류제조산업기사, 가스기사, 가스산업기사, 화약류관리기사, 화약류관리산업기사, 위험물산업기사, 온실가스관리기사, 온실가스관리산업기사 등

졸업 후 진출 분야

일반기업	기계공학기술자, 대기환경기술자, 도료 및 농약품화학공학기술자, 비누 및 화장품화학공학기술자, 산업안전원, 석유화학공학기술자, 수질환경기술자, 연료전지개발 및 연구자, 위험관리원, 음식료품 화학공학기술자, 의약품화학공학기술자, 재료공학기술자, 조향사, 폐기물처리기술자, 플랜트기계 공학기술자, 화학공학시험원, 환경공학기술자 등

공공기관	공무원, 한국화학연구원 연구소, 국책연구소 연구원 등
기타	공학 계열 교수 등

다음과 같은 과목을 수강한다면 화학공학과 진학에 도움이 된다.

교과 영역	교과(군)	공통과목	선택 과목	
			일반 선택	진로 선택
기초	국어	국어	화법과 작문, 독서, 언어와 매체, 문학	
	수학	수학	수학I, 수학II, 미적분, 확률과 통계	기하
	영어	영어	영어 회화, 영어I, 영어II 영어 독해와 작문	
	한국사	한국사		
탐구	사회 (역사/ 도덕 포함)	통합사회		
	과학	통합과학, 과학탐구실험	물리I, 화학I	물리II, 화학II, 융합과학
생활·교양			제2외국어I, 한문I, 기술·가정, 정보	공학 일반

에너지공학과

'에너지 공학'은 에너지를 효율적으로 얻고 사용할 수 있도록 에너지 자원을 공학적으로 연구하는 학문이다. 에너지 공학 관련 학과에서는 에너지 관련 사회·환경적인 문제들을 해결하려는 방법을 공부하며, 에너지 공학의 발전에 이바지할 전문 기술 인력을 양성한다. 에너지의 중요성이 더욱 커지면서 관련 분야는 점차 확대되고 있다.

관련 자격

국가 자격	원자로조종사면허, 방사성동위원소취급자일반면허, 핵연료물질취급면허, 원자력기사, 방사선비파괴 검사기사, 방사선비파괴검사산업기사, 초음파비파괴검사기사, 초음파비파괴검사산업기사 등

졸업 후 진출 분야

일반기업	공학 계열 교수, 발전설비기술자, 변리사, 산업안전원, 에너지공학기술자, 에너지시험원, 에너지진단전문가, 원자력공학기술자, 지열시스템연구 및 개발자, 폐기물처리기술자 등
공공기관	환경부, 산업자원부, 한국석유공사, 한국가스공사, 한국농어촌공사, 한국광물자원공사, 대한석탄공사, 환경관리공단 등
기타	한국지질자원연구원, 한국에너지기술연구원, 원자력연구원 등

다음과 같은 과목을 수강한다면 에너지공학과 진학에 도움이 된다.

교과 영역	교과(군)	공통과목	선택 과목	
			일반 선택	진로 선택
기초	국어	국어	화법과 작문, 독서, 언어와 매체, 문학	
	수학	수학	수학 I, 수학 II, 미적분, 확률과 통계	기하
	영어	영어	영어 회화, 영어 I, 영어 II 영어 독해와 작문	
	한국사	한국사		
탐구	사회 (역사/ 도덕 포함)	통합사회		
	과학	통합과학, 과학탐구실험	물리학 I, 화학 I, 지구과학 I	물리학 II, 화학 II, 지구과학 II, 융합과학
생활·교양			제2외국어 I, 한문 I, 기술·가정, 정보	공학 일반

선생님, 제가 희망하는 전공을 위해 어떤 과목을 선택해야 하는지 알겠어요. 대학에 진학하려면 선택 과목만큼 중요한 것이 내신 성적과 비교과 활동이라고 하는데 저는 아직 비교과 활동이라는 것이 구체적으로 무엇인지, 어떻게 준비해야 할지 감이 잡히지 않아요.

자, 이제 진진이가 자신이 희망하는 진로에 적합한 학과로 진학하기 위한 마지막 단계에 도착했구나. 내신 성적과 비교과 활동의 중요성을 알고 있다니 훌륭해.
선생님이 학교생활기록부의 비교과 활동 중에서 요즘 더 중요해진 창체 활동의 네 가지 영역을 알려줄게.

2
학생부
비교과 관리

1

자율
활동

> 선생님, 제가 희망하는 전공을 위해 어떤 과목을 선택해야 하는지
> 알겠어요. 대학에 진학하려면 선택 과목만큼 중요한 것이 내신 성적과
> 비교과 활동이라고 하는데 저는 아직 비교과 활동이라는 것이
> 구체적으로 무엇인지, 어떻게 준비해야 할지 감이 잡히지 않아요.

> 자, 이제 진진이가 자신이 희망하는 진로에 적합한 학과로 진학하기
> 위한 마지막 단계에 도착했구나. 내신 성적과 비교과 활동의
> 중요성을 알고 있다니 훌륭해.
> 선생님이 학교생활기록부의 비교과 활동 중에서 요즘 더 중요해진
> 창체 활동의 네 가지 영역을 알려줄게.

자율활동은 학교 교육계획(정규 교육과정 포함)에 따라 학교에서 주최하고 주관해 시행한 활동을 말한다. 2018학년도 현재 고2, 3학년의 경우 자율활동은 적응 활동, 자치 활동, 행사 활동, 창의적 특색활동 등과 같이 학급이나 학교 구성원의 자발적·자율적 참여를 중시하는 활동으로 구분돼 있다.

활동 영역(적응, 자치, 행사, 창의적 특색)의 구분은 큰 의미가 없고 어떤 활동이 자율활동 영역에 포함되는지를 아는 것이 중요하다(2018학년도 1학년 학생부터는 이름이 각각 자치·적응 활동과 창의 주제 활동으로 변경돼 운영되지만, 구분에 의미는 없다). 자율활동의 구체적인 예를 살펴보자.

학종에서 자율활동은 학교에서 주관하고 시행한 행사에 전공 적합성, 인성(리더십, 자기 주도성 등)을 객관적 사실에 기초해 학생의 참여 활동을 평가하는 항목이다. 이전에는 학교 평가나 개인 평가(리더십과 참여도)가 주였지만, 최근에는 학교에서 이뤄지는 교육 활동에 학생이 어떻게 구체적으로 참여했는가를 평가하는 개인적 평가가 핵심이다. 개별적이고 구체적인 활동에 열심히 참여해야 좋다. 아래 관리하기를 잘 읽고 준비한다면 좋은 학생부를 만들 수 있다.

관리

① 자율활동 특기 사항은 1000자(2019학년도 1학년부터는 500자)까지만 적을 수 있으므로 학교에서 이뤄지는 모든 활동을 기록할 필요는 없다. 특히 행사 활동, 자치 활동, 학급 또는 학교 체험 활동, 환경 교육, 학교폭력 예방 교육, 안전 교육, 성폭력 예방 교육 중에서 자신에게 크게 영향을 주지 않은 활동의 경우 행사일과 행사명 등을 단순 사실 위주로 간략히 기재해 가독성을 높이고 글자 수를 아끼자.

② 아무리 양이 많고 내용이 좋아도 복사해 붙이거나 단순 나열은 같은 학교 지원자의 생활 기록부와 비교해 공통된 부분을 제외해 평가된다는 점을 기억하자. 절대로 학교에서 일괄적으로 제공되는 내용으로 자율활동을 채우지 말자.

③ 자기 역할이 구체적으로 드러나도록 기록한다. 개별 활동 경험, 행동 특성, 참여도, 협력도, 실적 등에서 자기 주도성, 리더십, 봉사 정신 등이 두드러지도록 기록하는 것이 중요하다.

④ 자신에게 중요한 의미가 있는 활동은 "동기-활동-결과(변화한 점, 배우고 느낀 점)"과 같은 3단 구성으로 기록하자.

⑤ 입력 주최가 담임 선생님임을 잊지 말고 항상 활동 중 본인 기록으로 담임 선생님과 소통하는 시간을 가지자.

⑥ 학급 임원이나 동아리 회장 등과 같이 리더십을 나타낼 수 있는 활동을 고등학교 재학 기간에 2회 이상 하고 그 활동을 구체적으로 기록한다면 리더십을 나타내는 데 도움이 된다. 특히, 리더를 했다는 결과적 자료가 아니라 리더로서 학급 또는 학교에서 어떤 소임을 수행하고, 그 과정에서 어떻게 이바지했고 어떤 결과를 가져왔는지 구체적으로 기록해서 리더십 역량, 공동체 의식, 의사소통 능력 등을 드러내도록 하자.

⑦ 학급 또는 학교에서 마땅한 직책이 없어 리더십을 나타낼 활동이 없더라도 포기하지 말자. 공동체에서 자기가 맡은 역할을 중심으로 펠로우십을 드러낼 수 있도록, 또 그 역할이 공동체에 미친 영향 등을 중심으로 기술하는 것도 좋다.

자율활동 특기 사항 예시

학년	창의적 체험 활동 상황		
	영역	시간	특기 사항
1	자율 활동	46	학급 반장(2019. 03. 02.~2020. 02. 28.)으로서 선거 때 공약인 학급 구성원들의 학업 능력 향상에 힘쓰는 모습을 보임. 학기 초 자습시간에 몇몇 급우들이 친구들 학습을 방해하는 상황에서 소리치거나 화내지 않고, 개인별로 만나 고등학교 시기의 중요성과 다른 친구들 배려를 부탁해 조용한 학습 환경을 만드는 모습도 보임. 부반장과 함께 학급 게시판에 교과 수업별 과제를 게시하고 수업 내용을 요약정리 후 게시함으로써 친구들이 수업에 잘 참여하고 학업 능력을 증진할 수 있도록 배려함. 또한, 학급 차원에서 의미 있는 봉사 활동에 참여하고자 웹서핑을 통해 다양한 봉사 활동을 찾아 학급 홈페이지에 안내하는 모습을 보이는 등 자신이 내건 공약을 끝까지 실천하려고 노력하는 의지와 실천력을 보여 줌. 무한도전! 42.195km 가족 걷기(2019. 7. 16.~7. 17.)에 참가해 10km가 넘어가는 시점에서 체력적 한계점에 다다라서 포기하고자 하는 마음을 역력히 드러냄. 하지만 아버지의 응원으로 그 한계점을 극복해 끝까지 완주함. 이를 통해 가족의 소중함을 새롭게 깨닫고 자신도 가족에게 힘이 되는 사람이 되고 싶다고 생각함. 평소 운동이 부족한 자신의 모습을 반성하고 2학기부터 하루 1시간 운동장 걷기를 시작, 이후 체력이 향상됐으며 학업에도 도움을 줌. 교내 축제(2019. 10. 24.~2019. 10. 26.)에 축제준비위원으로 참여해 학교 축제의 성격을 '와서 보는 축제'에서 '직접 체험하고 느끼는 축제'로 바꾸기 위해서 노력하는 모습을 보임. 기존의 학교 축제는 공연과 전시 위주 프로그램으로 일반 학생들의 참여가 부족했다는 문제 제기 후, 새롭게 체험 부스 위주로 축제를 만들어 운영하고, 즉석 장기자랑과 같이 서로 소통할 수 있는 프로그램 구성을 제안함. 또한, 급우들과 함께 '실생활에서 보는 과학 마술'이라는 프로그램으로 과학 체험 부스를 만들어 참가함. 그 과정에서 자신의 과학적 지식을 동원, 과학 부스에 대한 아이디어를 제시하고 실험을 설계해, 관람하는 사람들이 즐길 수 있는 과학 체험 부스를 완성해 운영하는 데 큰 역할을 함.

*참고 자료

선배들이 자율활동 특기 사항에 적어놓은 체험 활동들을 리스트로 만들어 보았다. 자신에게 적합한 활동을 찾아보고 학교에서 가능한 활동이라면 참여하는 게 좋겠다. 만약 학교에 없다면 선생님께 건의해서 다음 학기에는 가능하도록 하는 태도도 필요하다.

추천 체험 활동 리스트

체험 활동	내용
양성평등 토론	성평등에 대한 내 생각을 이유와 근거를 들어 말하기 연습.
심폐소생술 교육	심폐소생술 교육을 통해 위급 상황 시 한 생명을 구할 수 있는 법을 배움.
직업체험의 날	학교 경찰관으로부터 여러 사례를 통해 경찰의 역할을 알게 됨.
전문가 인터뷰	원하는 학과와 관련 있는 전문가와 인터뷰(경찰관, 대학교수, 소방관 등)
원탁토론	우리나라 교육 발전 방향에 대한 아이디어를 나누는 교육정책 원탁토론에 참여.
글로벌 리더십캠프	리더십의 변천사와 리더의 역할을 배우고 실천해 봄.
경제체험단	채소를 직접 재배해 판매까지 경험.
병원인턴십	병원에서 간호사, 의사를 도우며 병원 일 체험.
월드비전	아침 등교 시간에 아프리카 지역의 아이들을 위해 모금 활동을 함.
UCC 대회	우리 학교 홍보 UCC를 제작하면서 친구들과 협동심, 이해심을 배움.
과학대제전	과학 프로그램을 체험해보고 이공계에 있는 각 학과에서 배우는 과목들에 대해 구체적으로 알 수 있었음.
비전캠프	진로 설정에 대한 특강을 듣고 자신이 생각하는 진로와 그 로드맵에 생각할 기회를 얻음.
멘토링	집안이 어려운 아이들에게 수학, 영어를 가르치며 선생님으로서의 자질인 이해심, 관찰력 등을 배움.
대학교 전공 체험	희망 학과에서 실제로 배우는 과목을 대학생들과 함께 듣고 과제를 같이 해보며 대학교 수업을 배울 수 있었음.
전람회 활동	식물 재배에 관해 지속적인 탐구 활동을 수행하고 결과물을 바탕으로 전람회에 참가해 예비과학자로서 기본 소양과 창의적 탐구 능력을 배움.
대 학 연 계 과 제 R&E	언어의 사용과 변천사를 대학생들과 함께 연구해 대학에서의 연구 방법과 자료정리, 활용법을 배움.
영화 인문학 프로그램	40~50분 내외의 영화 주요장면을 보고 개인별로 인상 깊은 장면과 대사를 적어본 후 발견한 의미를 토론하며, 내 생각과 다른 사람의 생각을 비교함.
어플 제작	우리 학교에 있는 동아리, 식단, 과목 등의 정보를 알려주는 어플을 제작하면서 제작자와 사용자의 입장의 차이를 알 수 있었음.
영어 연극	영어 연극에 참여해 영어 실력과 발음이 향상됐으며, 감정을 표현하는 방법을 배움.

② 동아리
활동

    창의적 체험 활동의 여러 영역 중 동아리 활동이 점점 중요해지고 있다. 희망 학과 관련성과 본인 역할을 가장 잘 나타낼 수 있기 때문이다. 동아리 활동은 정규동아리, 자율동아리, 학교스포츠클럽 동아리 활동으로 나뉜다. 동아리 활동에서는 전공 적합성, 인성, 발전 가능성 등이 잘 나타나야 한다. 그 과정들을 모두 기록하는 것도 중요하다.

    자율동아리는 정규 교육과정 안의 동아리와는 달리 학교장 허가 후 구성하는 활동이라 진정한 자율성이 두드러지므로 중요하다. 동아리 활동 중 학생 진로와 연결되고, 역량도 특색 있게 나타낼 수 있는 것이 바로 자율동아리다. 학기 초, 자신에게 맞는 자율동아리를 하나 만들어서 1년간 활동하면 좋다.

관리

① 동아리 활동 특기 사항에는 활동 내용을 구체적으로 기록하는 것이 좋다. 단순 나열보다는 동기, 구체적으로 어떤 역할을 맡아 활동했는지, 결과는 어땠는지, 뭘 배우고 느꼈는지가 잘 나타나도록 기록하자.

② 자신이 희망하는 전공(계열)에 비추어 본인 역할과 활동이 잘 드러나도록 기록하는 것이 좋다. 만약 학교에 원하는 동아리가 없거나, 인기 동아리가 조기 마감되면 공통된 관심사와 진로를 가진 친구들을 모아 자율동아리를 창설하는 게 좋다.
주의할 점은 반드시 학기 초에 구성해야 한다는 것. 학기 중에 만든 자율동아리는 학교생활기록부에 입력할 수 없기 때문이다. 자율동아리는 동아리 활동 이수시간에는 포함되지 않지만 '세부 능력 및 특기 사항'에 활동 내용과 특기 사항을 입력할 수 있고, 담임 교사의 종합의견이나 교사 추천서에도 기록할 수 있으니 적극적으로 활용하자.

③ 고등학교 상황에 따라 희망 전공학과와 관련된 세부 동아리의 구성과 활동이 어려울 때가 있다. 이때는 전공학과 중심이 아닌 계열 중심의 동아리를 구성해 활동하자. 전공 적합성은 충분히 나타난다.

④ 한 학년에서 너무 많은 동아리 활동을 하면 되레 진정성을 의심받을 수 있다. 최대 3개 정도(전공 관련, 학습 또는 독서 관련, 예체능 또는 봉사 관련)가 적당하고, 그중 자신에게 가장 의미 있는 활동을 골라 '동기 — 활동 과정 — 결과 — 배우고 느낀 점'이 잘 드러나도록 기록하자.

⑤ 동아리 특기 사항에 입력할 수 있는 글자 수가 500자로 제한되므로, 만약 여러 개 동아리에 가입했다면 미리 동아리 담당 선생님들과 글자 수를 배분하자.

⑥ 500자 제한 탓에 정규동아리, 자율동아리, 학교스포츠클럽 동아리의 활동을 적절히 나눠 기록하는 것도 중요하다. 담당 선생님들과 사전에 조율하자.

⑦ 2019학년도 1학년부터는 한 학년당 1개의 자율동아리만 기재할 수 있도록 방침이 정해졌으니 자율동아리를 만들 때, 자신의 전공과 연관성이 높은 동아리를 만들어 집중하자.
(※ 동아리 이름과 설명을 30자 이내로 기재 가능)

'관리하기'를 잘 기억하고 자신에게 적합한 활동을 통해 꾸준히 활동해보자. 다음에는 학생부에 기록할 수 있는 예시다.

동아리 활동 특기 사항 예시

① 전기/전자/컴퓨터

학년	창의적 체험 활동 상황		
	영역	시간	특기 사항
2	동아리 활동	68	(컴퓨터반)(34시간) 역사와 전통을 가진 컴퓨터 동아리에 가입해 자신의 실력을 향상할 기회로 생각하고, 본인이 생각해왔던 다양한 프로그램에 관한 아이디어를 선배들과 공유하며 직접 만들어 보는 활동에 적극적으로 참여함. 특히 인기 드라마를 모티브로 한 '미스터 션샤인'이라는 앱 게임을 직접 개발해 학생들에게 무료로 배포해 큰 호응을 얻음. 비록 버그가 발생해 업데이트하는 데 많은 시간을 쓰기는 했지만, 이 활동으로 프로그램 개발의 전체 과정과 개발 이후 유지·보수의 중요성을 알게 됨. (프로그래밍 : 자율동아리) 프로그래밍과 컴퓨터를 이용한 다양한 활동을 위해 자율동아리를 만들어 팀원들에게 홈페이지 제작 방법, 프로그래밍의 기초, C 언어 기초 등을 체계적으로 강의함. 특히 C 언어를 수업하기 위해 본인이 책을 직접 사서 먼저 공부하고 수업을 준비하는 모습을 보임. 2학기에는 부원들 각자에게 미션을 주어 스스로 프로그래밍을 해볼 수 있도록 함.

②건축/토목/환경 공학 분야

학년	창의적 체험 활동 상황		
	영역	시간	특기 사항
2	동아리 활동	68	(건축동아리)(34시간) 다양한 건축물에 호기심을 품고 관찰하며 건축동아리에 가입해 건축공학 관련 기본 개념과 지식을 탄탄히 갖추면서 동아리 활동에 열정적으로 참여함. 동아리 활동 중 '미래에 살고 싶은 집'이라는 미션이 주어졌을 때, 설계부터 모형 제작까지 스스로 문제를 해결함. 주제를 친환경 건축물로 잡고 친환경 건축자재, 구조적 안정성, 내부 공간의 평안함과 자연과의 조화를 담아내고자 팀원뿐만 아니라 다양한 전문가들의 조언을 들으며 활동에 집중함. 실제 건축물로 구현할 때 발생할 수 있는 비용, 환경 영향, 오염 등의 문제를 해결할 방안도 함께 제시하는 등 빈틈없는 모습을 보임. (자연사랑 : 자율동아리) 자연이 주는 지혜를 배우고 그러한 지혜를 사람이 공유하는 것에 관심을 가지고 자연사랑 동아리에 참여함. ○○숲의 생태환경 조사 활동에 참여해 황토의 새로운 활용 방안에 대해 생각해보고 그러한 재료를 건축에 적용하는 방법을 고민하는 모습을 보임. 또한 ○○늪지 생태 환경 조사 활동에 참여, 동물들이 자신의 보금자리를 꾸미는 활동을 집중적으로 관찰하며 사람이 살아가는 환경에 적용할 수 있는지 조사함.

③ 산업/안전/운항 공학 분야

학년	창의적 체험 활동 상황		
	영역	시간	특기 사항
2	동아리 활동	68	(데이터 분석)(34시간) 4차 산업혁명 시대의 핵심은 정보라고 여기고 빅데이터 분석에 관심을 가져 데이터 분석 동아리에 참여함. 먼저 데이터 분석 프로그램인 R을 배우기 위해 스터디 그룹을 만들고 꾸준히 준비하고 노력하는 모습을 보임. 동아리 축제에 참여하고자 "우리 동네 인기 식당"이라는 주제로 빅데이터를 활용해 지역의 인기 식당을 찾아내고 안내하는 활동을 함. 준비하는 동안 꾸준히 빅데이터 분석에 관해 잘 이해하고 대비하는 모습을 보임. (리더스 : 자율동아리) 경영적 마인드의 중요성을 아는 친구들과 함께 자율동아리를 만들어 활동함. 비즈쿨 활동의 하나로 빅데이터 분석을 활용한 스터디 플래너를 개발해 친구들에게 무상으로 제공함. 이런 활동들을 통해 리더십과 경영적 마인드를 기르는 모습을 보임.

④ 재료 공학 분야

학년	창의적 체험 활동 상황		
	영역	시간	특기 사항
2	동아리 활동	68	(화학 탐구반)(34시간) 신소재와 관련한 다양한 실험을 할 수 있는 화학 탐구반에 가입해 실험으로 소재의 이해와 지식을 높이는 모습을 보임. 특히 2010년에 노벨물리학상을 받은 그래핀 추출법을 공부하고 실제로 연필심에서 그래핀을 추출하는 실험을 진행함. 신소재라는 것이 아주 간단한 방법으로도 발견될 수 있다는 데 감명을 받아 본인도 주변 사물을 더욱 신중하게 관찰하고자 하는 의지를 보여 과학적 감수성을 높임. (수학 탐구반 : 자율동아리) 수학의 공학적 활용을 익히 알던 친구들끼리 모여 공학의 기초가 되는 수학적 탐구 활동을 하기 위해 동아리를 만듦. 동아리 활동에서 중적분의 개념을 독서와 토론으로 익히고 이 개념이 공학에서 사용되는 예를 찾아 발표하는 활동을 함. 당장 눈에 보이는 성적 향상을 도모할 수는 없었지만, 새로운 것을 알아가고 친구들과 나누는 즐거움을 깨달아 적극적으로 동아리 활동에 참여함.

⑤ 기계/로봇 공학 분야

학년	창의적 체험 활동 상황		
	영역	시간	특기 사항
2	동아리 활동	68	(모형 항공반)(34시간) 비행기와 우주에 관심이 많은 학생으로 자신의 관심을 구체화하기 위해 동아리에 가입함. 조별 활동 주제로 모형 로켓 만들기를 선정해 로켓의 구조에 관한 연구부터 새롭게 시작해 재료, 모양, 추진체의 종류와 방식 등 체계적인 지식을 쌓음. 모형 로켓을 만드는 과정에서 추진체도 직접 만들어 보자는 의견을 내고, 친구들을 설득해 추진체를 완성해 모형 로켓을 날리는 활동을 끝까지 성실하게 완료함. 그 과정을 발표자료로 만들어 친구들 앞에서 자신이 어릴 때부터 꿈꿔왔던 로켓 제작에 관한 이야기를 포함해 재미있게 발표해 친구들에게 큰 박수를 받음. (엔진 만세 : 자율동아리) 엔진에 흥미를 느낀 학생들을 모아 자율동아리를 만들어 '엔진 성능에 영향을 미치는 요소'라는 주제로 연구 활동을 함. 물리 수업 시간에 배운 잔향에 관한 탐구 활동을 하면서 엔진 소음이 자동차 성능에서 중요한 요소임을 알게 됨. 물리 I 교과서의 내용 중 특이한 개념을 정리한 후, 부원들과의 토론에 진지하게 참여함.

⑥ 화학공학/고분자/에너지/생명 공학 분야

학년	창의적 체험 활동 상황		
	영역	시간	특기 사항
2	동아리 활동	68	(생명과학탐구반)(34시간) 동아리 회장으로서 동아리에서 이뤄지는 실험 내용 선정, 모둠별 연구 활동 편성과 운영, 신입생 선발과 동아리 회원 관리, 연간 4회에 걸친 분기별 과학세미나를 운영 관리하는 데 계획성, 준비성이 뛰어나며 리더가 지녀야 할 자질이 매우 돋보임. 과학을 탐구하는 과학적 마인드를 지니며 모든 활동에 탁월한 능력을 보임. 스스로 새로운 과제를 고민하고 이를 수행하며 이해하는 능력이 우수함. '바이러스의 종류와 특성' '무인도에서 간이 정수기 제작' '중화적정 실험' '효소 활성화 실험' 등 탐구 논문을 작성해 발표함. 과학 발표회 준비를 위해 다른 동아리 부원들 앞에서 '세포막 모형 만들기' 시범을 보이고, 세포막의 구조와 모형 제작 방법을 설명하는 등 다른 부원들과 공동 작업을 통해 서로 협력하는 모습을 보임. (화탐 : 자율동아리) 평소 과학에 관심이 많아, 화학 선생님의 협조를 얻어 화학 관련 자율동아리를 만들어 교과서 이외의 다양한 실험 활동을 설계하고 직접 실험하는 활동에 시간을 투자함. 특히 열량계법 실험을 통해 올바른 실험을 위해서 변인의 통제가 얼마나 중요한지 알게 됨. 그 이후 변인 통제 방법을 찾기 위해 실험이 잘 마무리되는 설계와 실행에 매우 집중하는 모습을 보임.

자율동아리 만들기 5단계

1단계	관심 분야 결정, 부원 모집	ㅇ 관심 분야가 없다면 우선 독서, 봉사, 수학, 과학 관련 동아리 추천 ㅇ 자율동아리는 정규 교육과정이 아니고 성적 반영이 안 되므로 구성원의 의지가 중요함. 의지가 있는 부원 모집
2단계	전문성과 열정을 갖춘 지도 교사 섭외	ㅇ 지도 교사의 역할은 동아리 활동의 방향 설정, 활동 점검, 그리고 학생부 기록 ㅇ 활동에 관심과 전문성 가졌으며 열정을 갖춘 교사를 찾아가 정중하게 부탁하는 것이 중요
3단계	자율동아리 신청서, 활동 계획서 작성	ㅇ 학기 초, 신청서 제출 후 활동하고 학년 말에 입력하는 형태로 진행 ㅇ 연간 활동 계획서를 운영 시간, 지도 교사, 구성원 등의 정보와 활동 내용을 구체적으로 작성해 제출
4단계	자기 주도적, 적극적 동아리 활동하기	ㅇ 자율동아리는 정규수업에서 배우지 못한 내용과 경험을 얻는 활동으로 구성하는 것이 중요. 계획, 활동, 그리고 반성의 과정에서 자기 주도 능력과 공동체 의식을 기를 수 있는 활동 필요 ㅇ 구성원 각자의 진로 적성과 연관성 있는 활동이면 더욱 좋음. 동아리의 성격을 반영한 봉사와 연계하기
5단계	증빙 자료, 기록 남기기	ㅇ 학년 말에 지도 교사에게 결과 보고서와 증빙 자료를 제출하는 것이 중요 ㅇ 회의록, 블로그, SNS 등에 활동 자료를 일자별, 활동별로 정리하고 기록하는 것도 좋음 ㅇ 활동의 단순 나열보다 활동을 통한 성장, 진로와 연계되도록 기술

전공 주제별 동아리 분류

영역	동아리 이름	활동 내용
과학 · 환경	과학경시대회 & 올림피아드 동아리	이론 위주 학습을 하고 수준 높은 과학 문제를 해결하며, 과학경시대회나 올림피아드 등에 출전할 목적으로 활동.
	과학 논술 동아리	사회적 이슈가 된 과학 문제에 자기 생각을 글로 작성하면서 논리적 사고와 문제 해결력 증진.
	생물 환경 동아리	자연을 관찰하고 주변 생물을 이해. 지구온난화, 생물 종 멸종, 기상이변 등 지구적 이슈와 관련 있는 주제로 사회 교과와 융합해 활동.
	탐구 실험 동아리	교과별 다양한 탐구 실험을 하고 실험 기구 사용법, 탐구 실험 설계, 실험 보고서 작성법 등을 배움.
	탐구 프로젝트 동아리	학생 수준의 연구 소재를 선정해서 문제를 해결하는 과정을 경험. 지도 교사와 전문가 조언을 받아 창의적 실험을 설계하고 수행.
	천문 동아리	주로 망원경을 이용해 천체를 관찰하고, 천문 현상과 우주에 관해 탐구하는 활동.
	과학 영상 탐구부	최신 과학 관련 영상을 보고 토론하는 활동을 함. 영상 중 가치가 있거나 이슈가 된 동영상은 편집해 공유.
	과학 프라모델부	과학 관련 프라모델을 조립하고 전시하는 활동.
	수학 창의부	창의적 문제 해결력을 기를 수 있는 활동. 사회에서 접할 수 있는 문제를 수학을 활용해 창의적으로 해결할 수 있는 솔루션 제공.
	수학 게임부	보드게임, 컴퓨터 게임, 활동 게임 등을 수학적으로 분석하고 필승법이 있는지 탐구. 수학적 규칙을 활용해 게임을 만들고 보급.
	과학탐구토론부	이슈가 된 과학 주제로 토론 활동.
	화학 실험부	학교에서 하기 어려웠던 화학 관련 실험 활동. 실생활에서 자주 접하는 화학적 현상을 실험을 통해 증명.
	환경 동아리	환경과 밀접한 관계가 있는 기사나 동영상을 보고 토론하고 환경을 지킬 수 있는 활동을 찾아서 보급.
기술 · 발명 · IT	기술 공작 동아리	모형 항공기 제작, 브레드보드, 전자 키트 제작, 과학 상자 제작, 로봇 제작소
	발명 동아리	아이디어 산출, 설계와 디자인, 시제품 제작, 발명 대회 참가, 창의적인 공학 문제 해결 활동.
	IT 동아리	웹사이트 제작, 프로그래밍, 모바일 애플리케이션 제작 등 IT 계통 활동을 하며 공모전이나 대회에 꾸준히 참가.
	로봇 동아리	로봇 제작 또는 프로그래밍에 관한 전반적인 활동.
	프로그램 동아리	웹 또는 앱 프로그램을 기획하고 코딩하는 활동. 코딩 또는 프로그래밍을 제작.
	건축 동아리	건축물 관련 도서를 읽고 토론하며, 건축학적으로 건축물을 평가하고 건축물 모형을 만듦.
	드론 동아리	드론을 조립하고 조정하는 활동을 통해 드론 대회에 꾸준히 참가.

3

봉사
활동

봉사 활동이란 자신의 꿈과 재능을 토대로 다른 사람과 나누고, 대가를 바라지 않고 타인이나 단체를 돕거나 사회에 이바지하는 활동을 말한다. 봉사 활동으로 인간의 존엄성을 깨닫고, 더불어 사는 사회를 이해할 수 있다. 입시와 무관하게 봉사의 기쁨을 아는 사회인으로 성장할 좋은 기회다.

봉사 활동은 크게 교내 봉사 활동과 교외 봉사 활동으로 나눈다. 교내 봉사 활동은 학교 교육계획에 따라 하거나 본인이 봉사 활동 계획서를 제출해 찾아서 하는 것. 교외 봉사 활동은 안전행정부에서 운영하는 자원봉사포털시스템인 '1365 자원봉사포털', 보건복지부에서 운영하는 '사회복지자원봉사인증관리(VMS)', 여성가족부에서 운영하는 '청소년활동정보서비스 e-청소년(DOVOL)' 신청한 뒤 실천하거나 개인 봉사 활동 계획서를 제출한다.

봉사 활동 때 주의 사항이 있다. 첫째, 봉사 활동 시간은 원칙상 1일 8시간 이내만 인정된다. 수업이 있는 날에는 8시간에서 수업 시간을 뺀 시간만큼만 인정해준다는 점을 기억하자. 둘째, 봉사 활동 시간은 다른 창의적 체험 활동과 중복해 인정받을 수 없다. 셋째, 헌혈은 자원봉사시간(4시간)으로 인정되므로 봉사 활동 실적란에는 입력되나 특기 사항에는 넣지 못한다.

입학사정관들은 봉사 활동으로 인성이나 전공 적합성 등을 평가한다. 어떤 봉사 활동이 있는지 살펴보고 계획을 세워보자.

관리

① 많은 봉사 활동 시간보다는 진정성과 지속성이 중요하다. 교내외 봉사 활동을 선택할 때 봉사 활동의 진정한 의미를 나타낼 수 있는 곳을 선정해 꾸준히 하자.

② 일부 특수학과(사회복지학과, 의예과, 간호학과 등) 또는 학교 건학 이념 자체가 나눔·배려 등을 강조하는 학교에서는 봉사 활동을 더 중요하게 볼 수 있으므로 질적, 양적 수준을 확보해 두자.

③ 하루에 몇 개 기관에서 몇 시간씩 봉사 활동을 했거나, 시험 기간 중간에 봉사 활동을 했다면 진정성을 의심받을 수 있으므로 적절한 시간에 봉사 활동을 나눠서 하자.

④ 교내 봉사 활동만 참여했다고 나쁘게 평가받지는 않지만, 진정한 봉사 활동으로서 가치 있는 활동이 아니라면 좋은 평가를 받기는 어렵다. 따라서 교내 봉사 활동의 경우엔 일부 학생만 하는 진정성 있는 봉사 활동에 집중해 참여하는 것이 좋으며 교외 봉사 활동을 더불어 해 유리하게 만들자.

⑤ 물품과 현금 기부 등은 봉사 활동 시간으로 환산해 인정받지 못한다. 하지만 사전 교육, 캠페인 활동, 물품 또는 현금 모금 활동, 기부, 평가 등의 프로그램을 진행할 때는 봉사 활동 시간으로 인정받을 수 있으니 잘 활용하자.

⑥ 봉사 활동에서 가장 중요한 것은 진정성과 지속성이다. 진정성 있는 봉사 활동을 꾸준히 한 달에 한 번(4시간) 정도 3학년 1학기까지 지속해 보자.

⑦ 봉사 활동 특기 사항은 다른 부분과 달리 꼭 입력하는 요소가 아니다. 특기 사항에 입력될 수 있도록 가시적인 봉사 활동이 중요할 뿐만 아니라 담임 선생님과 소통이 필요하다는 점을 명심하자.

＊ 2019학년도 1학년부터는 봉사 활동 특기 사항이 폐지된다. 따라서 특기 사항에 신경 쓰지 말고 실질적인 활동이 잘 이뤄져 봉사 활동 실적이 기록되도록 하는 것이 중요하다.

'관리하기'를 잘 기억하고 자신에게 적합한 활동을 통해 꾸준히 활동해보자. 다음에는 학생부에 기록할 수 있는 예시다.

봉사 활동 특기 사항 예시

학년	창의적 체험 활동 상황		
	영역	시간	특기 사항
2	봉사 활동		학급을 위해 봉사하겠다는 자세로 학급 반장 선거에 출마했으나 아깝게 두 표 차이로 낙선한 후 좌절하지 않고 학급에 조금이나마 도움이 되는 일이 무엇일까 고민하다가 스스로 자원해 우유 배식 도우미(2019. 03. 28.~2019. 12. 23./20시간)로 매일 1교시 시작 전, 우유를 가져와 친구들에게 나눠 주고, 중식 시간에 빈 통을 모아 다시 배급소로 가져다 놓는 활동을 단 하루도 빠지지 않고 성실히 함. 특히 결석 등으로 우유 배식을 못 받은 학생들을 위해 남은 우유를 교무실 냉장고에 보관했다가 다음 날 챙겨주는 등 세심한 배려로 친구들을 대하는 모습이 인상적임. 학교 행사 등으로 우유를 먹지 않는 학생이 많은 날에는 그 우유를 모아 인근 무료 급식소에 가져다주는 등 타인을 생각하는 마음이 뛰어남.

학과별 봉사 활동 예시

학과명	봉사 활동	학과명	봉사 활동
건축공학과	건축 봉사 활동(헤비타트)	안전공학과	배려심을 기를 수 있는 봉사 활동
건축학과	돌봄 활동, 학습 도우미	전기공학부	학습 도우미, 환경 정화
공업화학과	돌봄 활동, 학습 도우미	전자공학부	학습 도우미 환경 정화
기계공학부	학습 도우미 환경 정화	정보통신공학부	다 함께 사는 사회를 구현하기 위한 봉사 활동
도시공학과	돌봄 활동, 업무보조 활동 도시 관련 NGO 활동	지역건설공학과	학습 도우미 환경 정화
바이오시스템공학과	학습 도우미 환경 정화	컴퓨터공학과	업무 보조 활동 학습 도우미 (복지관, 방과 후, 부진 학생)
소프트웨어학과	업무 보조 활동, 자선 봉사 활동	토목공학부	돌봄 활동 환경 정화
식품생명공학과	자선 봉사 활동 환경 정화	화학공학과	업무 보조 활동, 환경 정화
신소재공학과	업무 보조 활동, 자선 봉사 활동	환경공학과	학습 도우미 환경 정화

4

진로
활동

　진로 수업, 진로 관련 검사, 진로 관련 탐색 활동, 그리고 진로 상담 등의 내용이 모두 기록될 수 있는 항목이 바로 진로 활동이다. 입학사정관은 진로 활동을 진로 희망 사항과 연계해 참여도, 열정과 성숙도 등을 파악해 학생의 지원동기 구체화, 자아 성찰 과정, 자기 이해, 모집단위 관심, 발전 가능성, 의욕 및 태도 등을 평가하는 데 활용한다.

　진로 활동 특기 사항에는 진로 희망과 관련된 학생 자질, 학생이 수행한 노력과 활동, 학생의 진로를 돕기 위해 학교와 학생이 수행한 활동 결과, 학생·학부모와 한 진로 상담 결과, 학생의 활동 참여도, 활동 의욕, 태도의 변화 등 진로 활동과 관련된 사항, 학급 담임 교사, 상담 교사, 교과 담당 교사, 진로 전담 교사의 상담 또는 권고 내용, 학생의 학업 진로, 직업 진로 계획서, 진로와 관련한 각종 검사를 바탕으로 특기 사항을 입력할 수 있게 되어 있다.

　이 항목에서는 자신이 진로를 탐색한 과정과 이때 느끼고 배운 점, 진로의 구체적 설정 과정 등이 잘 드러나도록 기록하는 것이 중요하다. 직업흥미검사와 성격검사 같은 검사 결과를 기록한다면, 검사결과가 자신의 진로 설정에 어떠한 영향을 주었는지 등을 같이 기록하면 좋다. 담임 선생님과 이러한 부분이 잘 기록되도록 원활하게 소통하자.

① 진로 활동 특기 사항의 최종 입력자는 학급 담임 교사다. 모든 진로 관련 활동 내용을 학급 담임 교사와 소통하는 것이 중요함을 잊지 말자.

② 진로 활동 특기 사항은 학년이 올라가면서 성장하는 활동으로 구성되며 더 구체화하는 것이 좋다.

③ 학교에서 여는 행사에 참여한 사실만을 기재하는 것은 큰 의미가 없다. 반드시 개인이 실행한 구체적 활동과 여기에서 배우고 느낀 점이 기록되어야 한다. 그중에서도 학생의 전공에 관한 관심, 열정이 잘 나타나도록 기록하는 것이 중요하다.

④ 학교에서 다양한 활동이 이뤄졌다면 자신에게 의미가 크지 않은 활동들은 활동의 명칭과 간략한 내용만 기록해 글자 수를 아끼자.

⑤ 진로 활동 특기 사항은 꼭 시간순으로 배열할 필요는 없다. 자신에게 가장 큰 영향을 준 진로 활동부터 중요도 순서로 기록하는 것이 좋다.

⑥ 자기 진로에 영향을 준 활동이라면 상담, 독서, 수업, 체험 활동 등 종류를 막론하고 모든 활동을 자기 개별 활동을 중심으로 적도록 하자.

자신에게 적합한 진로 활동을 꾸준히 해보자. 다음에는 학생부 기록 예시다.

진로 활동 특기 사항 예시

학년	창의적 체험 활동 상황		
	영역	시간	특기 사항
2	진로 활동	34	진로 수업 시간에 학교 연못에 사는 붕어에 관한 탐구 내용을 발표했음. 생명과학 수업에서 배운 유전자 돌연변이가 유전자에 이상을 일으켜 생기는 알비노(백색증) 현상을 흰색 붕어에 적용해 주변에 보이는 현상과 생명과학 교과와 연계해 학생들 관심을 이끌었고 관련 분야 학습을 통해 깊이 있게 설명함.
			진로체험의 날에 연구소를 방문(2019. 10. 27.)해 각종 실험 과정과 그 검증에 관심을 두고 질문함. 생명 기술과 관련한 직업과 자기 진로를 연관해 탐색한 진로 포트폴리오 제작 능력이 탁월해서 우수 학습 활동 결과물 전시회에 참여함.
			생명공학자로서의 꿈을 구체화하기 위해 직업인과 만남(2019. 04. 06.) 시간에 생명공학연구원을 만나 평소 본인이 궁금해하던 생명공학의 개관에 관해서 질문하며 자세히 알아가는 모습을 보임. 특히 유전자공학 관련 강연 때 수준 높은 질문을 해 강연자로부터 칭찬받음. 이후로도 강연자와 이메일을 주고받으며 평소 자신이 궁금해했던 문제들을 해결하고자 노력함. 부족한 부분은 K-무크를 수강하며 스스로 채워 나가려는 의지를 강하게 보임.

아래 참고 자료는 2018년 교육 기부 진로체험 인정기관 목록이다. 현재 사는 지역의 기관을 잘 활용하면 진로에 적합한 활동을 해볼 기회가 생긴다.

2018년 1차 교육 기부 진로체험 인증기관

출처: 교육부 '18년도 1차 교육기관 진로체험 인증기관 선정결과 발표

수도권

연번	시도	기관명	유형	프로그램 분야
1	서울	(사)청소년드림토피아	민간	대학생 멘토와 함께 하는 학과 체험 캠프
2	서울	LG CNS	기업	Coding Genius 교육
3	서울	SK텔레콤 수도권 Infra 본부	기업	네트워크 시설 장비 운영 엔지니어 업무 및 ICT 체험
4	서울	산타마리아 (한국융합과학교육원)	개인	코딩, 드론 조종 및 촬영, 가상현실 체험, 3D 모델링, 과학수사를 위한 DNA 추출 체험 등
5	경기	고양신한류홍보관	공공	콘텐츠 제작 과정 직군(감독, 작가, 의상소품팀, 특수효과 전문가) 및 영상콘텐츠 제작 과정 체험
6	경기	창업진흥원 판교창업존	공공	비즈쿨 창의체험 프로그램 : 판교창업존 소개 및 견학, 기업가정신 특강, 3D 프린터 체험
7	경기	서울대학교관악수목원	학교	산림과학 분야 연구원 체험
8	경기	(주)신원도예교육센터	기업	4차 산업혁명 이후 생겨날 신직업 탐색
9	경기	사단법인 참다솜교육	민간	코딩 로봇 함께하는 4차산업 직업체험(IoT 관련), 사회적 기업가 체험 프로그램
10	경기	(주)에이치에스교육그룹	기업	이러닝 콘텐츠 제작체험
11	경기	나를 찾는 정원, R401 Discovery Park	기업	게임개발자 되어보기
12	경기	수원진로직업큐레이터 꿈마니협동조합	기업	신청 학교에서 요청하는 직업군 관련 탐색 및 체험
13	경기	현대자동차(주) 현대 모터스튜디오 고양	기업	자동차의 탄생 과정과 관련 직업의 세계 탐색
14	경기	오산종합정비센터	개인	자동차 정비사 체험
15	경기	평택 곤충과 사람들	개인	미래 자원으로서의 곤충 이해, 곤충표본 제작
16	인천	국립생물자원관	공공	생물 다양성 관련 연구 직종 이해 및 체험
17	인천	인천광역시부평구 시설관리공단	공공	전기 및 기계 엔지니어, 사무행정직, 체육지도사, 퍼스널 트레이너 체험
18	인천	청운대학교 인천캠퍼스	학교	건축, 소방, 토목 환경, 융합 소재, 소프트웨어 개발 등 관련 학과 체험
19	인천	(주)ANC승무원학원	학원	항공사 진로체험 교실
20	인천	조은교육(한국드론교육협회)	개인	드론 조종 및 코딩을 통한 드론 제어 체험

충청권

연번	시도	기관명	유형	프로그램 분야
1	충북	한국식품안전관리인증원	공공기관	식품관리 안전 체험 및 HACCP 심사관 진로 탐색
2	충북	충북도립대학	대학/학교	의료기기, 식품, 융합디자인 관련 직군 체험
3	충북	청소년드림플러스	개인사업장	곤충학자, 지진학자 등 다양한 직군 이해 및 탐색
4	충북	충주조정체험아카데미	개인사업장	조정 관련 체험, 스포츠 직군 이해
5	충남	서천군청소년상담복지센터	민간단체	다양한 직업군 체험, 청소년상담사 직업체험
6	대전	대전대학교	대학/학교	오픈 소스 하드웨어 활용과 적정기술을 이용한 '아쿠아포닉스 기술체험'으로 미래농업 탐색
7	대전	배재대학교	대학/학교	계열별 학과 탐색을 통한 진로 설계
8	대전	모두행복사회적협동조합	민간단체	드론, 로봇 등에 활용할 수 있는 코딩 체험
9	대전	가온누리로봇앤SW코딩학원	학원	로봇&SW 코딩 직접 경험을 통한 진로 체험
10	세종	세종소방서	지자체	소방 공무원 직업 체험

호남·제주권

연번	시도	기관명	유형	프로그램 분야
1	전북	책마을해리 (꽃피는영농조합법인)	기업	건축 설계, 영상 제작, 동학 관련 기사 작성, 스톱모션을 활용한 영상만화 제작
2	전북	유한회사 한양수학연구소	기업	3D 프린터와 펜을 활용한 아이디어 제품 제작
3	전남	신재생에너지 홍보관	공공기관	신재생 에너지 이해 및 관련 직군 탐색
4	전남	한국전력거래소	공공기관	전력산업 분야 관련 직군의 이해 및 체험
5	전남	디오건축사사무소	개인사업장	설계도면 제작 등을 통한 건축설계사 체험
6	광주	(주)인스퀘어	기업	VR 콘텐츠 현장체험
7	광주	HOI	기업	3D 프린터 교육
8	광주	주식회사 팔칠구삼	기업	IoT SW 교육
9	제주	제주산림항공관리소	공공기관	조종사, 정비사, 삼림공무원 직업 체험
10	제주	(주)로봇스퀘어	기업	3d 프린터 활용, 로봇 코딩교육

강원·대구·경북권

연번	시도	기관명	유형	프로그램 분야
1	강원	KOICA 월드프렌즈 영월교육원 전시체험관	공공기관	도슨트와 함께 개발도상국 현황 및 글로벌 이슈를 이해하고 자신의 진로와 연계해 탐색
2	강원	큰나무사회적협동조합	민간단체	천문학자, 지진학자, 보석세공사 등 직군 관련 체험
3	강원	드림아트-원주	개인사업장	강사(교수), 공예전문가, 바리스타 등 직업 체험
4	대구	대구강서소방서	지자체	소방관 직업 소개 및 소방 체험
5	대구	(주)드림아카데미	기업	행동유형 분석 후 비전보드 작성 등 진로탐색
6	경북	포항공과대학교 나노융합기술원	대학/학교	3D 프린터 진로체험 특화 교육
7	경북	(주)한국청소년교육개발원	기업	4차 산업혁명 시대와 미래직업(로봇, 드론, 빅데이터, 클라우드 등) 알기
8	경북	포스코 (포항창조경제혁신센터)	기업	레고 EV3를 활용한 로봇 제작 및 제어프로그램 코딩

부산·울산·경남권

연번	시도	기관명	유형	프로그램 분야
1	부산	부산교통공사 경전철운영사업소 운영부	공공기관	관제실 견학, 모의 운전, 기관사와의 대화를 통한 철도 관련 진로 탐색
2	부산	부산과학기술협의회	민간단체	코딩 개발 프로그램 실행 및 피지컬 컴퓨터 체험
3	부산	부산시민공원 홍찬일금속공방	개인사업장	전통공예 예술가, 문화재 복원가, 3D 펜을 활용한 4차산업 전문가, 보석 제작 체험
4	부산	부산평생교육원 (일자리창출협동조합)	학원	드론 조종 및 활용법, 사물인터넷 제작, 3D 프린터 모델링 및 출력 체험
5	울산	해동전기학원	학원	전기제어 조작 실습을 통한 전기기능사 체험
6	경남	김해시상하수도사업소 (명동정수장)	공공기관	정수장 관람 및 수질 관련 전문가 진로 탐색
7	경남	김해산업진흥의생명융합재단	공공기관	의료기기 장비 실습 및 관련 직업 체험
8	경남	진주소방서	지자체	소방관 직업 세계 및 소방 안전 체험
9	경남	하동소방서	지자체	소방관 현장 활동 및 소방 공무원 업무 체험
10	경남	김해대학교	대학/학교	학과체험을 통한 전공학습 진로체험
11	경남	이음교육연구소리더십코칭센터	개인사업장	개인별 진로검사를 통한 직업군 탐색 및 체험
12	경남	로보티즈 (양산 덕계점)	학원	로봇, 코딩(S4A), 3D 프린터 관련 체험

어떻게 준비하고 활동하면 학생부에 의미 있게 적을 수 있는지 알 것 같아요. 그런데 구체적으로 선배들은 공학 계열로 진학하기 위해서 어떠한 준비와 노력을 했는지 살펴볼 수 있으면 더 좋을 것 같은데요. 혹시 사례가 있을까요?

그렇지. 나보다 먼저 그 길을 간 사람의 경험을 듣는 것도 좋은 방법이라고 생각해. 선생님이 3명의 선배의 사례를 통해 어떻게 준비하고 노력하면 공학 계열로 진학하는 데 도움 되는지 알려줄게. 잘 살펴보고 자신의 것으로 만들어봐.

3
합격생들의
학생부

1 진로 로드맵으로
진로 계획 세우기

우리는 집을 나서면서 어디로 가야 하는지 또 어떻게 가야 할지 고민하지 않는다. 그 이유는 우리가 가야 할 곳이 학교라는 것과 그곳에 어떻게 가야 하는지 이미 방법을 알고 있기 때문이다.

진로를 어떻게 계획할지 알고 싶다면 선배들이 자신들의 꿈과 목표를 정하고 어떻게 노력했는지 살펴보는 것이 효과적이다. 3명의 공학 계열 선배들의 진로 로드맵을 함께 살펴보자.

안녕하세요? 저는 고려대학교 전기전자공학부에 입학한 김OO이라고 합니다. 제가 어떻게 진로 로드맵을 이용해 진로 계획을 세웠는지 여러분에게 알려드릴게요. 먼저 저의 3년간의 활동을 정리한 게 다음 표에요. 진로 로드맵을 설정할 때 참고하세요.

구분	1학년	2학년	3학년
자율활동	정보부장 현대자동차 체험학습	도서부장 국립과학관 체험학습	부실장 융합인재부 활동 수학/과학 멘토링
동아리 활동	메카트로닉스(자율동아리 3년)		
	물리 동아리	축구 동아리	책사랑 동아리
봉사 활동	사랑모아 장애우 봉사 활동		
진로 활동	STEAM 활동을 통한 전공 적합성 강화 다양한 과학 특강	대학 전자공학 체험 동아리 발표 국립과학관 체험	물리/에너지 분야 미래예측 탐구 보고서
진로독서	소드 아트 온라인(카와라리 레키), 가상현실 세상이 온다(서기만 외 4명) 모든 순간의 물리학(카를로 로벨리)		

출처 : 지방학생들의 반란, 학종 성공기(미디어 숲), 전주 청담진로진학연구소장 배득중

저는 '로봇 파워'라는 프로그램을 보고 공학과 기계에 관심을 가졌어요. 고등학교 3년 동안 메카트로닉스(자율동아리) 활동을 하면서 기기와 신경을 직접 연결하는 가상현실과 인공지능을 접목해 두 기술을 융합하는 전자공학자의 꿈을 세웠답니다.

전자공학자라는 꿈을 세운 후 3년간 저의 모든 활동을 진로와 어울리도록 구체적으로 계획하고 전공과 관련된 심화 활동도 했습니다. 대부분 탐구 보고서와 제작 활동들이 자연스럽게 물리와 에너지 분야에 집중됐습니다. '쉽게 만드는 발전기 설계', '전자기 유도현상을 공학적으로 이용할 수 있는 레일건과 코일건 제작', '교류전압을 직류로 바꾸는 콘덴서를 충전할 수 있는 정류회로 설계', '아두이노를 통해 조이스틱으로 조작할 수 있도록 설계 · 제작', '여러 스털링 엔진을 공부하며 간단한 알파 스털링 엔진을 설계 · 제작', '논문을 통해 정전기 핵융합 장치를 배우며 중수소를 채울 챔버, 중수소를 공급할 펌프 등을 안정성과 효율성을 고려한 설계' 등의 탐구 활동을 해 대학 입시에서 좋은 평가를 받을 수 있었습니다. 일찌감치 진로를 결정하고 로드맵을 세워 활동했기 때문에 얻은 결과라고 생각합니다.

안녕하세요? 저는 경기대학교 건축학과에 입학한 이△△이라고
합니다. 제가 어떻게 진로 로드맵을 이용해 진로 계획을 세웠는지
여러분에게 알려드릴게요. 먼저 저의 3년간의 활동들을 정리해보면
다음 표와 같답니다. 진로 로드맵을 설정하실 때 참고하세요.

경기대 건축학과(경북 일반고)

구분	1학년	2학년	3학년
자율활동			부실장
동아리 활동	봉사동아리 (한센병 환우, 장애우 돌봄)	공학 자율 동아리 화학실험 동아리	공학 자율동아리
봉사 활동		지역축제 봉사 활동 요양병원 봉사 활동	대학연계 희망 전공학과 체험
진로 활동	대학연계 희망 전공학과 체험	희망 전공학과 체험 희망전공 관련 독후보고서	건축학과 연계 독서 후 주제발표
진로독서	물리학자는 영화에서 과학을 본다(정재승) 건축 음악처럼 듣고 미술처럼 보다(서현) 런던 디자인 산책(김지원)	디자인의 디자인(하라 켄야) 행복의 건축(알랭 드 보통) 변덕주의자들의 도시(오영욱)	

출처 : 지방학생들의 반란, 학종 성공기(미디어 숲), 청주 nao연구소장 최인선

저는 고등학교에 입학하면서 '건축가'라는 진로를 잡고 꾸준히 준비할 수 있도록
계획을 세웠답니다. 건축박람회에 참석해 특이한 건물 외형 사진과 도면 정보들을
꾸준히 스크랩하며 나만의 포트폴리오도 만들었어요.
작은 힘이나마 사회에 도움이 되고자 지역축제 봉사, 요양병원 봉사 활동에도
참여했죠. 특히 요양병원 봉사 활동으로 모든 사람이 이용하기 편리한 유니버설
디자인을 활용한 건축물을 설계하겠다는 구체적인 목표가 생겼어요.
제 좌우명은 '주변의 모든 상황에서 건축과 관련된 요소들을 항상 고민하고 생각해
정리하고 발표하자'였습니다. 그러고 나서 실행에 옮겼습니다. 가장 대표적인 예는
학교 주변 환경을 조사해, 학교 계단과 빈터에 게릴라 가드닝을 꾸민 것입니다.
자투리 공간을 미적으로 창조하는 감각을 보여주었다는 평을 들었어요.
계획에 따라 읽은 전공도서들은 지식의 폭을 넓히고 깊이를 더해주었습니다.

안녕하세요? 제가 마지막인 것 같네요. 저는 한국산업기술대학교 에너지전기공학과에 입학한 박○○이라고 합니다. 진로 로드맵을 이용해 어떤 계획을 세웠는지 여러분에게 알려드릴게요. 먼저 저의 3년간 활동을 정리해보면 다음 표와 같답니다.

한국산업기술대 에너지전기공학과(전남 일반고)

구분	1학년	2학년	3학년
자율활동	독서토론부장	태양광 자동차 조립/탐구 타이타늄 생체적합성 탐구	
동아리 활동		독서토론 동아리	
		과학 탐구토론 동아리	
봉사 활동	멘토링 봉사 활동(36시간), 생태 교란 식물 제거 봉사 활동(7시간)		
진로 활동	메탄 하이드레이트 조사, 진공광현 태양열 집열기술 조사	태양광발전 설비를 통한 누진제 완화 기사 조사, 제로하우스 체험을 통한 신재생에너지 탐구	제로 에너지의 건축물 개발, 해상 윈드팜 태양광발전 조사. '원자력 발전을 신재생에너지로 대체해야 한다' 기사 조사
진로독서	MT화학(이익모) 기후의 반란(실베스트르 위에) 블루 이코노미(군터 파울리) 살둔 제로에너지하우스(이대철) 꿈의 도시 꾸리찌바(박용남) 지구온난화를 막는 50가지 방법(녹색애국주의 실행그룹)	세상을 바꾼 과학논쟁(강윤재) 침묵의 봄(레이첼 카슨) 에너지 전쟁(장 뤽 벵제르) 신재생에너지(뉴턴코리아) 국경 없는 과학기술자들(이경선)	

출처 : 지방학생들의 반란, 학종 성공기(미디어 숲), 순천 내일드림교육연구소장 정유희

저는 다른 학생보다는 진로가 명확했습니다. 1학년 때 과학동아리에 들어가서 메탄 하이드레이트를 조사하면서 친환경 에너지에 관심을 두고 '신재생에너지 연구원'이 되고 싶다고 생각했어요. 이후 진로 로드맵을 환경과 에너지 쪽으로 세분화했어요. 결정의 도대가 된 것은 뭐니 뭐니 해도 다양한 분야의 독서라고 말하고 싶어요. 특히 공학 계열로 진학을 희망하는 학생들이 독서를 잘 하지 않는 편인데 저는 독서로 질문하고, 해답을 찾는 등 호기심을 충족하며 생각이 성숙해질 수 있었답니다. 이런 독서 활동을 학생부에 잘 적어놓아서 면접 때 다른 학생들보다 뛰어난 전공 적합성을 지녔다고 칭찬을 듣기도 했답니다.

② 학교 특색 사업으로 **활동 구체화하기**

최근 몇 년간 학종 모집 인원은 증가 추세다. 학종에 필요한 서류 중 학교생활기록부는 학생 평가의 근거자료가 되므로 매우 중요하다. 특히 학교생활기록부에 잠재적 역량을 입증할 다양한 활동과 실적은 중요한 평가 기준이다.

활동 내용이 많다고 좋은 건 아니다. 진로로 정한 방향에 맞게 자기 꿈을 위해 노력한 흔적들이 학교생활기록부에 나타나야 한다. 어떤 계기로 얼마나 지속해서 활동했고 그것이 학생의 성장에 얼마나 영향을 미쳤는지가 평가의 중요한 근거가 된다.

비교과에서 드러나는 활동을 좀 더 두드러지게 나타내려면 재학 중인 학교의 특색 사업과 연결해서 활동을 구체화하는 것도 좋은 방법이다. 요즘은 고교 공통 정보라는 것이 공개돼 학교에서 진행하는 행사의 수상 실적, 수상 인원, 동아리 활동, 특색 사업 등을 보면서 학생의 활동을 검증하므로 학교 특색 사업을 잘 활용해 준비하면 좋은 기록물도 나오고 더욱더 긍정적인 평가를 받을 수 있다. 다시 선배 3명이 어떻게 학교 특색교육과 연결해 활동 기록을 남겼는지 살펴보자.

① 고려대 전기전자공학부(전북 일반고)

학교 특색 사업	학생 진로 세부 활동	
[독서 인증제] • 추천도서 및 창조 독서 노트 활용	자신의 꿈을 주제로 영어 발표 대회에서 전자공학자가 되어 'Nerve Gear'를 만들고 싶다는 포부를 밝힘.	
[글로벌 인재 인증제] • 경시대회, 국가영어능력 평가, 교내 고사 등으로 어학 능력 향상	다양한 전공 서적, 인문학 독서, 그리고 원서 읽기와 책 사랑 활동을 함.	◀ 폭넓은 독서를 통한 융합형 인재임을 확인할 수 있다
[탐구 인증제] • 과학-기술-사회 융합적 기초소양 함양을 위해 다양한 견학, 보고서 작성	수상 드론 제작과정에서 물의 저항을 줄이기 위해 미쓰비시 중공업의 MALS 기술 등 여러 방안 모색	◀ 궁금한 점을 해결하기 위해 외국 논문까지 검색하고 탐구 보고서를 작성할 정도로 열정이 많음을 확인할 수 있다.
	인근 거점 국립대학에서 IoT에 대한 학습과 아두이노 교육을 통해 그 원리를 이용해 물체의 3차원 구동을 위한 회로도 설계	◀ 단순히 교육받는 것에서 끝나지 않고 교육을 통해 평소 자기 생각을 적용해보는 활동을 하고 설계하는 실용지식이 높은 학생임을 알 수 있다.
[봉사 활동 인증제] • 단계별 봉사 교육으로 다양한 방법의 봉사 활동 활성화	매년 나눔 봉사단원으로 활동. 정기적, 주기적으로 봉사 활동 참여	
	수학. 물리, 국어 방과 후 수업 참여 후 성적 향상에 노력을 기울임.	
[자기 주도학습 인증제] • 자기 주도학습 계획표 작성 및 이행 지도	학습 시간에 배운 과학적 원리를 동아리 활동에서 다양하게 실험하고 검증해 봄.	◀ 자기 주도학습 능력이 우수해 좋은 성적을 유지하고 있으며, 배운 것을 적용해보고 검증한 점이 뛰어남을 확인할 수 있다.
[1인 1기 인증제] • 취미와 특기를 살려 건강한 인성과 체력을 함양	축구 클럽 활동으로 건강한 체력과 정신을 기름	

출처 : 지방학생들의 반란, 학종 성공기(미디어 숲), 전주 청담진로진학연구소장 배득중

② 경기대 건축학과(경북 일반고)

학교 특색 사업	학생 진로 세부 활동	
[징검다리 플래너 작성을 통한 좋은 학습 습관 만들기]	교내 생활지도 동아리 일원으로 학교 규칙 준수에 모범을 보임. 질서 지도와 안전사고 예방에 힘씀.	
[1학급 1브랜드 문화교육프로그램 운영] • 문학기행, 한글날 기념행사, 독서토론대회, 학교신문 제작	언어 문화 개선을 위한 사랑의 편지쓰기 활동으로 소통과 공감의 힘을 기름. 봉사 동아리에 정기적으로 참여, 한센병 환우 생활 지원 활동을 함.	◀ 건축가는 고객 요구를 반영하는 능력이 필요한데, 고등학교 때부터 사람들이 원하는 것을 잘 파악하고, 기쁨을 줄 수 있는 등굣길 꽃 가꾸기 활동 등을 통해 사람들을 즐겁게 하는 능력이 우수함을 알 수 있다.
[입시 변동에 탄력적 대응을 위한 교육 활동] • 보충심화를 위한 방과 후 학교 • 자율학습 운영 • 대솔반 운영 • 교과 교실제를 통한 수준별 학습	교과 성적의 향상을 통해 학력성과 우수상을 받음. 교내 학력경진대회에서 두각을 나타내는 실적을 보임.	
[꿈과 끼를 계발하는 동아리 활동] 75가지의 포상활동을 통한 자기계발 동기부여	동아리 내에서 탐구 활동을 통해 보고서를 작성함. 이를 바탕으로 교내 탐구 발표 대회에서 수상함.	◀ 동아리 활동에 적극적으로 참여하며, 배움에 그치지 않고 독서 활동으로 부족한 점을 보완한 결과 대회에서도 좋은 성과를 얻었다.
[E-러닝형 국제교류 활동을 통한 세계시민의식 함양]	지역대학 연계 전공체험을 통해 희망 진로 성숙도를 보여 옴. 평소 전공 진로와 관련한 독서 활동과 자율동아리 창설을 통해 정보를 수집하고 이를 활용하는 능력을 배양함. 인근 지역의 지진 발생에 모티브를 얻어 내진 설계에 취약성을 극복하기 위한 자체 실험 활동을 주도함.	◀ 자기 주도성이 있고 동아리를 창설할 정도로 적극적이며 리더십이 우수한 학생임을 엿볼 수 있다. ◀ 내진 설계에 관심을 두고 조사하고 보고서를 작성하며, 스파게티 면 실습을 통해 궁금한 점을 이해하려는 능력이 돋보인다.

출처 : 지방학생들의 반란, 학종 성공기(미디어 숲), 청주 nao연구소장 최인선

③ 한국산업기술대 에너지 전기공학과(전남 일반고)

학교 특색 사업	학생 진로 세부 활동	
[멘티-멘토 협력학습] • 동급생 간 멘토링 수행 과정을 통해 배려심과 협업 능력 신장	멘토스 동아리 차장, 멘토링 자율동아리 부장 등 동료 멘토링을 통해 학습 전략을 짜고, 의견을 교환하면서 부족한 과목의 실력을 높여 화학과 생명과학을 2등급으로 올림. 멘토링을 지속해 실수를 줄여나가 성적 향상을 이루는 데 기여함.	◀ 비록 첫 성적은 부족했지만, 자신이 모르는 것은 물어보면서 이해하려 하고, 다른 친구들에게도 자신이 터득한 방법을 알려주면서 과학성적을 꾸준히 높인 점이 대학교에서 전공을 잘 따라갈 것으로 판단된다.
[과제 탐구 활동 활성화] • 과제 탐구 활동을 통해 꿈과 끼를 키우고 더 나아가 장래 전공할 학과에 대한 깊이 있는 이론적, 학문적 안목을 넓혀 진로 선택 능력을 신장	담당 선생님 추천으로 여대생과 함께 극저탄성 타이타늄 신합금의 생체적합성, 물리적 특성 연구 수행해 논문 작성. 태양광 자동차 조립 후 효율을 높이는 방법 탐구	◀ 여대생과 함께하는 탐구 활동을 통해서 과학에 더 흥미를 느끼게 됐고 물리 등을 포함한 융합적 지식이 필요함을 느낀 소중한 경험이 된다.
[사제동행 독서 토론] • 교사와의 원만한 관계 형성과 독서를 통해 평소 궁금한 것을 해결할 기회 제공	롤모델 발표에서 진공관형 태양열 집열 기술을 개발한 곽희열 박사 조사 발표. 원자력 발전을 신재생에너지로 대체해야 한다는 주제 토론에서 ESS(에너지저장시스템)와 스마트그리드 기술 발전으로 신재생에너지로 발생한 양과 화석연료로 발생하는 에너지양이 똑같아지는 그리드패리티가 얼마 남지 않았다는 것을 근거로 발표함.	◀ 진로에 관한 깊이 있는 탐구 활동으로 스마트그리드 기술의 필요성을 느끼고 화석연료를 이용해 얻는 에너지보다 신재생에너지를 통한 에너지가 더 적은 비용으로 개발되는 시대가 얼마 남지 않음을 깨닫고 신재생에너지 연구원에 확신을 품게 된다.
[창의인성 프로그램 활성화] • 창의로봇SW반 운영 • 목련인문학 강좌 • 클러스터 활동	'종이로 등산화 만들기'에서 발목부상을 막기 위해 발목까지 감싸는 방안과 충격 흡수를 위한 벌집 구조 활용 제작함. 자원봉사 소감문 쓰기 대회 2번 수상.	

출처 : 지방학생들의 반란, 학종 성공기(미디어 숲), 순천 내일드림교육연구소장 정유희

3

교과 세특(세부 능력 특기 사항)으로
학생부 완성하기

대학마다 차이는 있지만, 최근에는 대학이 학생을 선발하기 위해 학업 역량, 전공 적합성, 인성, 발전 가능성 이렇게 네 가지 영역을 평가 대상으로 한다. 이 네 가지 항목을 종합 평가해 최종 등급을 매기고 지원자의 합격·불합격 여부를 결정한다.

대다수 학생의 오해가 활동이 많으면 좋을 거라는 생각이다. 다양한 활동 기록이 학업에 적극적인 태도를 증명해 보일 수도 있으나, 내용이 많은 것이 중요하지 않다는 점을 명심해야 한다. 중요한 것은 바로 그 활동들이 서로 어떻게 연결되는지, 이를 통해 내 능력 향상 여부가 잘 드러나는지에 있다.

학생 스스로 학생부 기록의 근거가 되는 활동을 계획하고 실천함으로 이를 학생부에 기재되도록 하는 것이 중요하다. 왜냐하면, 학생부 기록 권한은 담임 선생님과 교과 선생님에게 있기 때문이다. 선생님과 상담을 통해서 자기 활동의 근거를 학생부에 반영할 수 있도록 적극적으로 소통하고 노력해야 한다.

자, 다시 3명의 선배들의 교과 세부 능력 특기 사항에서 학생들의 공학적 소양이 어떻게 드러났는지 살펴보고 자신의 학생부에 공학적 소양을 잘 드러나게 기록할 방법을 고민해보자.

① 고려대 전기전자공학부(전북 일반고)

구분		세부 내용 특기 사항	
1학년	수학	수학적 분석력이 우수해 같은 문제에 대수적 접근과 기하학적 접근으로 해결하는 학업 능력이 뛰어난 학생임. 산술평균과 기하평균 사이의 관계를 도형을 이용해 증명함.	◀ 증명과 관계된 문제를 풀이하거나 생활 속 사례를 같이 기록하면 더 좋다.
	물리I	교과의 기본 개념을 잘 이해하며 탐구능력이 우수한 학생으로 교과 활동에 적극적이며 수업에 참여도가 매우 진지하고 자기표현이 뛰어난 학생으로서 조별 탐구 활동에 따른 토론과 발표를 잘하고, 자연과학에 관한 호기심과 학습의욕으로 탐구 결과에 대한 자료를 분석하고 해석하는 능력이 우수함.	◀ 이런 구체적인 사례가 좋다.
2학년	지구과학I	수행평가 발표 때 블랙홀을 주제로 발표함. 사건의 지평선, 슈바르츠실트 반지름 등 블랙홀의 성질과 블랙홀의 형성원인, 블랙홀의 구조 등을 발표함으로써 블랙홀에 관한 깊은 이해와 관심을 보였고 영화 '인터스텔라'와 연관 지어 오류를 찾아내는 등 뛰어난 지식 활용 능력을 보임.	◀ 생활 속 사례를 찾아 확인한 점이 우수하다.
	지구과학II	서안 강화 현상이 발생할 때 전향력이 해수 흐름에 영향을 끼치는 원리를 질문하고, 답변을 통해 전향력이 작용하는 원리의 이해도를 높이고 전향력에 영향을 받는 기상 현상을 정리해 확실하게 파악하는 모습이 인상적임. 수행평가 보고서 작성에서 쓰나미를 주제로 선정해 보고서를 작성함. 쓰나미 발생과 에너지 규모를 조사했고 천해파라는 성질을 파악해 해안에 도달해 큰 피해를 주는 원리를 설명함. 또한 2011년 일본에서 발생한 쓰나미와 연관 지어 쓰나미의 피해와 피해를 최소화하는 방법에 관해서도 생각해보는 등 실생활에 활용하는 모습을 보임.	◀ 쓰나미 사례를 활용해 설명한 점이 돋보인다.
	개인세특	수상 드론 제작 과정에서 선체가 움직일 때 받는 물의 저항을 줄이기 위해 미쓰비시 중공업의 MALS 기술 등 여러 방안을 모색해 보면서 해결책을 찾으려 노력함. 관측이 끝나고 환경보존을 위한 공학자의 자세와 역할을 생각해보는 시간을 가짐 국가핵융합연구소 프라즈마기술연구센터 'ICAMPATA2016' 대중강연에서 그레고리 카와츠 박사님의 플라즈마와 토카막 등 핵융합과 관련된 내용을 알게 됨. 아두이노 교육을 통해 아두이노를 이용한 회로의 동작 원리를 이용하고 이를 활용해 물체를 3차원으로 구동하기 위한 모터를 최소 개수인 3개를 동시에 조작하는 회로를 설계함.	◀ 평소 드론 제작에 관심이 있었는데 궁금한 점을 찾아 문제를 해결한 점이 두드러진다. ◀ 아는 것을 넘어 관련 실험을 설계하는 모습이 돋보인다.

3학년	심화영어 독해	심화 영어 독해 1 : 관심 분야인 컴퓨터 관련 소재가 나오면 관련 자료를 수집하고 탐구하는 열정과 기존 글을 의역(Paraphrasing)해 글 구성, 논리적 전개, 예시와 근거자료를 제시하는 역량을 꾸준히 기름. 듣고 따라 말하기, 암기 후 낭송하는 연습을 충실히 해 3분 스피치(3. 2. ~ 5. 26. 연도 빠짐??) 발표에서 'How to Reduce the Static Electricity'를 주제로 자신의 물리 지식을 접목해 알기 쉽게 설명하는 발표로 최고점을 받음. 또한, 에세이 쓰기를 위해 매주 1편씩 습작으로 4~5단락(Paragraphs)을 작성하는 데 30분 정도에 완성해 내는 역량을 키워 에세이 쓰기(3. 2.~ 7. 10. 연도 빠짐(??))에서 'Use of Artificial Intelligence in Medical Settings'를 주제로 자연언어 처리와 가상현실 통합으로 훈련, 상담, 처치를 할 수 있는 지능형 가상 인간을 만들 수 있다는 내용을 영어로 발표해 최고 평가를 받았고, 'Does Human Activity Make the Earth a Better Place to Live or Not?'을 주제로 지구온난화, 태풍 피해, 원자력의 폐해 등의 사례를 들어 글을 쓰고 발표해 호평받음.	
	물리II	액체 증발에 영향을 미치는 요인을 수행평가의 자유 탐구 주제로 선정하고, 온도와 바람이 증발에 어떤 영향을 미치는지 실험 활동으로 조사함. 탐구 결과를 얻는 활동에서 자료를 분석하고 해석할 수 있는 그래프를 활용함으로써 온도와 바람이 증발에 영향을 미친다는 것을 확인하고 보고서를 제출했으며, 제출된 내용을 급우들 앞에서 발표함. 열역학 단원에서 접한 스털링 엔진에 흥미를 지니고 있으며, 스털링 엔진과 요즘 많이 사용되는 프리피스톤에 관해 탐구하는 모습을 보임.	◀ 궁금한 점을 찾아보는 태도가 돋보인다.
	정보	정보화시대에 각 기업의 특허나 기술이 중요해지는 상황에서 정보 유출을 막는 기술에 관심을 둠. 정보 보안 기술에 흥미를 느껴 조사했고 정보 유출을 막는 차세대 기술 중 하나인 전자지문의 개념을 접하고 조사함. 정보 유출을 막는 차세대 기술 중 하나인 전자 지문의 개념을 파악하고 흥미를 느껴 전자지문에 관한 보고서를 작성함. 직접 전자지문을 만드는 HASH 함수에 문서를 적용해 전자지문 값을 비교해 보는 활동을 함. 이를 통해 전자지문이 정보 보안에 어떤 역할을 하고 실제로 우리가 사용하는 문서가 원본인지 전자지문을 통해 판단하는 방법을 알게 됨.	◀ 전자지문에 관한 조사보고서를 작성하고 이를 HASH 함수에 적용해 값을 비교해 보는 응용능력이 우수하다.

② 경기대 건축학과(경북 일반고)

구분		세부 내용 특기 사항
1학년	과학	과학적 탐구력이 풍부하고 자료를 분석하고 수집하는 능력이 뛰어나 허블의 법칙을 이용해 우주 나이를 구하는 방법을 잘 설명함.
2학년	영어독해와 작문	도시 안내 책자를 만들고 발표하는 데 로스앤젤레스 관광지를 소개함. 다양한 어휘를 사용해 유니버셜 스튜디오, 디즈니랜드, 다저스 스타디움, 게리 센터의 특징을 잘 나타냄.
	물리I	경보음 알림 키트를 이용, 전자회로 꾸미기를 통해 스위치 발광 다이오드를 추가해 응용하는 능력이 돋보임. 정역학 실험이나 물체의 안정성 실험으로 자신의 꿈인 건축학과 목표 달성을 위해 노력하는 모습이 돋보임.
3학년	독서와 문법	평소 건축에 관심이 많은 학생으로 지문에서 전이 공간의 개념을 잘 파악하고 공간 형태에 따라 전이 공간이 어떻게 발생하는지 잘 이해함.
	기하와 벡터	공간도형에서 두 직선이 이루는 각 크기를 정사영을 이용해 풀이. 세 점이 한 직선 위에 있을 조건을 이용한 복잡한 방정식을 정확하게 풀이해 발표함. 건축가라는 자기 진로 희망과 관련해 공간도형을 입체적으로 파악하기 위해 다양한 접근 방법을 고민하는 모습을 보여줌.
	수학 연습II	건축 관련 진로와 관련해 수학 교과가 건축에 어떻게 적용되는지 많이 고민하는 모습을 보여주었으며, 각종 지오지브라, 엑셀 등 수업 시간에 사용되는 공학 도구의 사용에 많은 관심을 보였고, 프로그램을 사용해 보이는 수학 문제의 해결 과정뿐 아니라 생활에 쓰이는 프로그램의 사용 범위까지 폭넓게 흥미를 느낌.
	영어II	롤모델에게 편지 쓰기와 동영상 만들기에서 진로체험으로 알게 된 건축가 자하 하디드의 건축물에 관한 경외심과 건축가가 되고자 하는 자기 꿈을 담은 영문편지를 보냄. 다양한 어휘와 어법을 적절히 활용했으며, 하디드의 건축물에 정확한 발음을 더한 영상편지는 내용을 충분히 이해하는 데 도움이 됐음.

◀ 책을 통해 이해한 내용을 기록하면 더욱 좋다.

◀ 지금은 무슨 내용인지 모호하니 더 구체적인 사례를 넣으면 좋겠다.

◀ 조금 더 구체적으로 이 프로그램을 활용해 어떤 문제를 해결했는지, 건축과 어떻게 접목할 수 있는지 설명하면 더욱 좋겠다.

③ 한국산업기술대 에너지 전기공학과(전남 일반고)

구분		세부 내용 특기 사항
1학년	국어	독서토론 부장으로서 토론 준비를 도우며 맡은 임무를 성실히 수행함. 논리력과 이해력을 바탕으로 토론을 매끄럽게 진행. 조별 토론 논제를 정하고 정리하는 데 적극적으로 참여함.
	과학	환경 오염과 기후변화에 관심이 많으며 이를 해결하기 위한 대체에너지 자원에도 관심이 많음. 과학반장으로서 리더십을 발휘해 학급의 면학 분위기 조성에 크게 기여했으며 다양한 관점에서 학습 내용을 생각해보고 이에 관한 발산적 질문을 함. 과학 스터디 모임을 자발적으로 조직해 수업 중 배운 내용을 중심으로 함께 학습하며 틈나는 시간을 활용하는 등 성실한 모습을 보임.
2학년	지구과학Ⅰ	자원, 에너지, 환경 분야에서 높은 흥미를 보였으며, 지속 가능한 신재생에너지 중 메탄 하이드레이트에 관해 생물, 화학적 접근법으로 깊이 있게 공부해 친구들에게 이해하기 쉽도록 설명함. 지구온난화의 원인과 관련한 자료를 읽거나 심도 있는 조사를 통해 자료를 분석해 보고서를 작성하는 등 신재생에너지의 조사와 활용에 높은 관심을 보임.
	개인세특	올바른 도서관 이용 권장 포스터 만들기에서 참신한 아이디어로 창의적인 문구와 그림을 만들어 학생들의 관심을 유도함으로써 도서관 면학 분위기 조성하는 데 앞장섬. 독서토론 행사로 《키싱 마이 라이프》라는 책을 읽고 '청소년 미혼모의 낙태를 허용해야 한다'에 대한 찬반 논술문을 다양한 사례를 들어가면서 논리적으로 요약해 정리를 잘함.

◀ 토론 주제가 나오고 그 토론에서 어떤 주장을 했는지 기재하면 더 좋겠다.

◀ 구체적으로 무엇을 조사했는지 기록하고 신재생에너지 중 어떤 것에 관심이 있는지 자세하게 기록하면 좋겠다.

3학년	화법과 작문	자유주제 5분 말하기에서 희망하는 신재생에너지 연구원과 관련된 '초박형 태양광 셀'과 발전 가능성이 큰 '투명한 태양광 패널'에 관한 특징과 예시를 들어 원리, 장단점, 전망 등을 발표함. 정보 전달 말하기에서 '전기 유변성 유체의 특징과 전기 유변성 원리'라는 주제로 발표함. 전기 유변성 유체를 산업현장에서 활용하기 위해 파악해야 하는 항복응력의 설명을 맡음.	◀ 구체적인 진로를 확인하기 좋은 내용이다. ◀ 이 주제를 선정하게 된 동기가 나오면 더 좋겠다.
	기하벡터	자신의 진로와 연관된 풍력과 벡터를 융합한 벨루가 스카이세일스에 대한 자료를 찾아 보고서를 작성해 발표하는 등 적극적인 자기 주도적 학습을 함.	◀ 생활 속 활용 내용을 기반으로 벡터를 이해한 내용이 돋보인다.
	지구과학II	'중위도 저기압과 물 위의 소용돌이' 탐구과정을 통해 물 위에 생긴 소용돌이와 한반도 부근에 중위도 저기압이 머무를 때 고기압, 저기압의 중심부에서 바람의 회전과 물 위의 소용돌이와의 유사점과 차이점을 다양한 각도로 생각해 발표함. 태풍이 발생하는 과정과 태풍 주변의 날씨 변화를 기상청 태풍예보 일기도를 통해 분석하고 예측하는 능력이 돋보임.	
	화학II	이브 쇼뱅의 생애, 업적을 소개하고 복분해 반응을 올레핀 복분해 반응, 녹색 화학의 12가지 원리, 녹색 화학의 예시와 의의 관점에서 친구들이 이해하기 쉬운 그림과 모형을 통해 설명함. 관심 분야인 신재생에너지와 녹색 화학을 연관 지어 추후 자신의 진로를 밝히면서 친구들이 호기심을 갖고 끝까지 발표함.	
	생명과학II	효소에 관해 공부하고, 효소가 활용되는 다양한 예 중 바이오매스를 활용한 신재생에너지 생산을 주제로 조사 발표함. 미생물 연료전지 발표(폐수 처리시스템 추가 설명, 인공광합성과 태양전지 차이 설명)	

스스로 체크하는 나의 진로

이 검사는 학생 스스로 진로를 체크해 볼 수 있도록 계열별 대입 면접 문항에서 발췌해 학생들이 이해하기 쉽게 수정한 것이다. 각 질문을 읽고 본인이 잘 대답할 수 있으면 '우수', 어느 정도 대답할 수 있으면 '보통', 대답하기 힘든 질문이면 '미흡'에 표시해 보자.

우수 3점 | 보통 1점 | 미흡 0점

구분	내용	우수	보통	미흡
1	지구온난화란 무엇이며, 이를 극복할 방법은 어떤 것이 있는지 설명해 주세요.			
2	인구 고령화 사회에 대비해서 개발해야 하는 의약품은 무엇일까요?			
3	한국이 차별화할 수 있는 관광자원은 어떤 것이 있으며, 그렇게 생각하는 이유를 설명해 주세요.			
4	별주부전을 각색해 영화로 만든다면 어떻게 할 것인지 설명해 주세요.			
5	우리 주변에서 일어나는 현상 중에 본인이 가장 관심을 두고 탐구했던 것이 있다면 이를 설명할 수 있나요?			
6	감기와 독감을 어떻게 구별하는지와 독감에 항생제를 복용해도 효과가 없는 이유를 설명해 주세요.			
7	트럼프의 보호무역주의에 관해 설명해 주세요.			
8	패션 분야에는 다양한 직업군이 있습니다. 패션 관련 직업을 아는 대로 말해 주세요.			

9	초전도 현상의 정의와 생활 속 활용 사례를 설명해 주세요.			
10	MERS(메르스)가 우리에게 준 영향은 무엇이었나요?			
11	대형할인점 매출이 재래시장보다 더 높은 이유를 설명해 주세요.			
12	재활 퍼스널 트레이너란 무엇이고 어떤 사람들에게 어떤 도움을 줄 수 있는지 설명해 주세요.			
13	인공지능이 더 발달한 사회의 모습은 어떨까요?			
14	심폐소생술을 긴급하게 실시했는데 환자가 죽을 수 있는 상황이 온다면 어떻게 할 것인가요?			
15	장하준의 《나쁜 사마리안》이라는 책의 내용은 무엇인가요?			
16	현대무용과 실용무용의 차이를 설명해 주세요.			
17	21세기 인류가 처한 에너지 부족 문제를 해결할 방법을 설명해 주세요.			
18	실력이 뛰어난 의사와 마음이 따뜻한 의사 중 어떤 유형의 이사가 되고 싶은가요?			
19	문학에서 바라보는 사람은 무엇이라고 정의할까요?			
20	본인이 제일 기억에 남는 미술 작품과 그 이유를 설명해 주세요.			
21	자기부상이란 무엇인가요? 우리 주변에서 이를 설명할 수 있는 사례를 소개해 주세요.			
22	진단의학의 발달로 피 한 방울로도 질병을 찾을 수 있는 시대에 긍정적인 효과와 부정적인 것에 관해 설명해 주세요.			
23	청년 실업의 대안이 있다면 설명해 주세요.			
24	어린 왕자를 자신의 상상력으로 발휘해 자유롭게 표현한다면 어떻게 할 것인지 설명해 주세요.			

25	10V의 직류전원에 200Ω과 300Ω의 저항을 직렬연결 했을 때 200Ω에 걸리는 전압은?			
26	존엄사와 안락사를 구분해 설명해 주세요.			
27	소크라테스의 '악법도 법이다'라는 말에 대해 자기 생각을 설명해 주세요.			
28	세계의 유명한 건축물을 2가지 소개해 주세요.			
29	생태 통로를 만드는 이유를 설명해 주세요.			
30	의사가 환자의 동의 없이 비밀을 부인에게 알려야 하는 상황에 어떻게 할 것인지 설명해 주세요.			
31	기본소득법을 설명해 주세요.			
32	나의 음악적 감수성은 몇 점인가요?			
33	인공지능이 발달하면서 사회가 어떻게 변화할지 설명해 주세요.			
34	암의 주된 원인이 무엇일까요?			
35	우리나라 관광산업에서 앞으로 유망한 분야는 어떤 것이 있는지 설명해 주세요.			
36	1인 기획자가 무엇일까요?			
37	비행기는 어떤 원리로 하늘을 나는지 설명해 주세요.			
38	면역이란 무엇인지 설명해 주세요.			
39	아동복지를 보편적 복지와 선택적 복지 중 어떻게 진행하는 것이 효과적인 설명해 주세요.			
40	대회나 시합 전 불안할 때 어떤 방법이 효과적으로 마음을 안정시킬까요?			

스스로 체크하는 나의 진로 답안지

우수 3점 | 보통 1점 | 미흡 0점

문항	1	2	3	4
내 점수				
문항	5	6	7	8
내 점수				
문항	9	10	11	12
내 점수				
문항	13	14	15	16
내 점수				
문항	17	18	19	20
내 점수				
문항	21	22	23	24
내 점수				
문항	25	26	27	28
내 점수				
문항	29	30	31	32
내 점수				
문항	33	34	35	36
내 점수				
문항	37	38	39	40
내 점수				

● 세로 항목별 합계

계열별	A	B	C	D
내 점수				

● 세로 항목별 합계

A : 공학 계열   B: 의·생명 계열   C: 인문사회경영 계열   D: 예체능 계열

● 내 점수가 가장 높은 계열을 쓰고, 아래 교육부에서 제공한 공학 계열 분류표를 참고해 관심 있는 학과를 조사하면서 내 진로와 맞는지 확인해보자. 관련된 직업에는 어떤 것이 있는지 3가지를 찾아 써보자.

나의 계열(   )

① 관련 직업 :

② 관련 직업 :

③ 관련 직업 :

공학 계열은 건축, 토목·도시, 교통·운송, 기계·금속, 전기·전자, 정밀· 에너지, 소재·재료, 컴퓨터·통신, 산업, 화학공학 및 기타 분야로 11개의 중 계열로 분류된다.

중분류	학과 분류
건축	건축공학, 건축설비공학, 건축환경공학, 건축학, 조경학
토목·도시	토목공학, 토목건설공학, 도시공학
교통·운송	지상교통공학, 항공학, 해양공학
기계·금속	기계공학, 금속공학, 자동차공학, 메카트로닉스공학
전기·전자	전기공학, 전자공학, 제어계측공학
정밀·에너지	광학공학, 에너지공학
소재·재료	반도체공학, 세라믹공학, 섬유공학, 신소재 공학, 재료공학
컴퓨터·통신	전산학, 컴퓨터공학, 응용소프트웨어공학, 정보통신공학, 정보 보안
산업	산업공학
화학공학	화학공학, 화학생명공학
기타 분야	기전공학, 응용공학, 교양공학

참고 : 교육부, 전공학과 분류

계열별 진출 직업

중분류	계열별 진출 직업
건축	건축설계기술자, 건축구조기술자, 건축시공기술자, 건축설비기술자, 건축감리기술자, 건축안전기술자, 건축 자재 시험원 인테리어 디자이너, 스마트 건축 설계자
토목·도시	토목공학기술자, 지적 및 측량기술자, 도로건설엔지니어, 도시환경계획가, 교통공학기술자, 교통영향평가원, 지리정보시스템(GIS)전문가, 도시계획자, 조경설계사, 항만건설토목기술자, 항만 및 해안설계기술자,
교통·운송	물류관리전문가, 항공공학기술자, 조선공학기술자, 항공기 조종사, 항공기정비원, 선장, 항해사 및 기관사,
기계·금속	자동차공학기술자, 메카트로닉스공학기술자, 엔진기계공학기술자, 냉난방 및 공조공학기술자, 철도차량공학기술자, 발전장치조작원, 철도기관차 및 전동차정비원, 철도 및 지하철기관사,
전기·전자	전자제품 개발기술자, 전자계측제어기술자, 반도체공학기술자, 전기의료기기개발기술자, 전기안전진단기술자, 전기설계개발기술자, 발전설비전기기술자, 송/배전설비전기기술자, 전기감리기술자, 전기공사기술자, 통신공학기술자, 통신장비기술자, 통신망운영기술자, 인공위성개발기술자, 방송장비기술자
정밀·에너지	에너지공학기술자, 에너지시스템기술자, 신재생에너지발전설비기술자, 신재생에너지 분석가, 원자력에너지공학자, 발전설비설계기술자, 온실가스 관리사, 건축물 에너지 관리사,
소재·재료	재료공학기술자, 금속공학기술자, 섬유공학기술자, 재료공학기술자,
컴퓨터·통신	응용소프트웨어개발자, 반도체공학기술자, 전자의료기기개발기술자, 컴퓨터시스템설계분석가, 시스템소프트웨어개발자, 컴퓨터 보안전문가, 웹개발자, 데이터베이스관리자, 네트워크시스템분석가 및 개발자, 멀티미디어디자이너, 멀티미디어 기획자,
산업	품질관리기술자, 품질인증심사전문가, 산업 안전 및 위험관리원, 물류관리전문가, 경영진단전문가, 시스템운영관리자,
화학공학	화학공학기술자, 석유화학공학기술자, 의약품화학공학기술자, 화장품공학기술자, 대기환경기술자, 수질환경기술자, 폐기물처리기술자, 화학물 제조 및 관리기술자, 플랜트설계기술자